国家社科基金项目成果 经管 文库

The System and Practice of China's Fiscal Performance
Evaluation Led by the People's Congress

人大主导的
中国财政绩效评价：
体系与实践

卢扬帆／著

中国财经出版传媒集团
经济科学出版社
Economic Science Press

图书在版编目（CIP）数据

人大主导的中国财政绩效评价：体系与实践／卢扬
帆著 . —北京：经济科学出版社，2021.9
（国家社科基金项目成果经管文库）
ISBN 978 - 7 - 5218 - 2871 - 9

Ⅰ. ①人… Ⅱ. ①卢… Ⅲ. ①财政支出 - 经济绩效 -
经济评价 - 研究 - 中国 Ⅳ. ①F812.45

中国版本图书馆 CIP 数据核字（2021）第 185854 号

责任编辑：崔新艳
责任校对：杨　海
责任印制：范　艳　张佳裕

人大主导的中国财政绩效评价：体系与实践
卢扬帆　著
经济科学出版社出版、发行　新华书店经销
社址：北京市海淀区阜成路甲 28 号　邮编：100142
经管中心电话：010 - 88191335　发行部电话：010 - 88191522
网址：www. esp. com. cn
电子邮箱：espcxy@126. com
天猫网店：经济科学出版社旗舰店
网址：http：//jjkxcbs. tmall. com
北京季蜂印刷有限公司印装
710 × 1000　16 开　12.5 印张　230000 字
2021 年 11 月第 1 版　2021 年 11 月第 1 次印刷
ISBN 978 - 7 - 5218 - 2871 - 9　定价：65.00 元
（图书出现印装问题，本社负责调换。电话：010 - 88191510）
（版权所有　侵权必究　打击盗版　举报热线：010 - 88191661
QQ：2242791300　营销中心电话：010 - 88191537
电子邮箱：dbts@esp. com. cn）

国家社科基金项目成果经管文库
出版说明

　　经济科学出版社自 1983 年建社以来一直重视集纳国内外优秀学术成果予以出版。诞生于改革开放发轫时期的经济科学出版社，天然地与改革开放脉搏相通，天然地具有密切关注经济领域前沿成果、倾心展示学界翘楚深刻思想的基因。

　　2018 年恰逢改革开放 40 周年，40 年中，我国不仅在经济建设领域取得了举世瞩目的成就，而且在经济学、管理学相关研究领域也有了长足发展。国家社会科学基金项目无疑在引领各学科向纵深研究方面起到重要作用。国家社会科学基金项目自 1991 年设立以来，不断征集、遴选优秀的前瞻性课题予以资助，我社出版了其中经济学科相关的诸多成果，但这些成果过去仅以单行本出版发行，难见系统。为更加体系化地展示经济、管理学界多年来躬耕的成果，在改革开放 40 周年之际，我们推出"国家社科基金项目成果经管文库"，将组织一批国家社科基金经济类、管理类及其他相关或交叉学科的成果纳入，以期各成果相得益彰，蔚为大观，既有利于学科成果积累传承，又有利于研究者研读查考。

　　本书库中的图书将陆续与读者见面，欢迎相关领域研究者的成果在此文库中呈现，亦仰赖学界前辈、专家学者大力推荐，并敬请经济学界、管理学界给予我们批评、建议，帮助我们出好这套文库。

经济科学出版社经管编辑中心

2018 年 12 月

本书系国家社会科学基金项目"人大主导的我国财政收入—支出绩效评价机制研究"（17CGL068）最终成果，并获得华南理工大学公共管理学院专著出版资助。

课题组核心成员包括：

段　静　华南农业大学公共管理学院讲师

杨雪娟　华南师范大学政治与公共管理学院博士研究生

郑方辉　华南理工大学公共管理学院教授、博士生导师

廖逸儿　汕头大学法学院讲师

张　兴　华南理工大学公共管理学院助理研究员

邓紫晴　华南理工大学公共管理学院硕士研究生

前　言
Preface

　　财政是国家治理的基础和支柱，绩效评价为现代财政制度与国家治理体系的重要内容。落实中央关于预算全面实施绩效管理及人大预算审查监督重点拓展的要求，其关键是财政收入及支出要全口径、全过程纳入绩效管理，并建立完善的评价组织、技术和制度体系。考虑我国现有财政绩效评价在顶层架构、目标定位、评价内容和参与主体等方面仍存在不足，人大①主导的财政收入—支出绩效评价肩负着促进我国财政收支决策均衡与执行监督民主化、提升公共财政公信力及治理合法性、理顺央地财政关系与更好地服务于现代化经济体系建设等重要功能，有必要在理论方法及其实证应用层面展开充分研讨。

　　本书基于国内外财政支出绩效评价现有研究与实践成果，以及典型省份个案的深度观察，遵循层次分析法和专家咨询调查的技术规范，旨在构建人大主导的财政收入—支出绩效评价机制并进行实证检验。具体来讲：一是明确这一机制在财政收支总量及结构调控、现代财政制度乃至现代化经济和国家治理体系建设中的地位，确立其推进预算民主和强化预算监督的双重理性；二是从评价权、组织权、实施权与评议权的基本关系入手，厘清政府、人大和外部主体等在财政绩效管理中的权责结构，提出并论证了人大主导、政府部门协同、第三方实施的财政绩效评价组织模式；三是从相关主体权责中提炼评价内容及关键指标，构建了由管理绩效、监督绩效、执行绩效三个层次组成的财政收入—支出绩效评价结构性技术体系，并提出用决策民主、总量协调、结构相称等六项指标的专家评价来衡量财政收支联动管理绩效；四是借助社会学文化资本理论提出了财政绩效社会再生产的概念，从整体上描述财政绩效管理的社会治理功能，还透过广东省人大主导财政绩效评价典型案例对当前财政绩效社会再生

---

　　①　指各级人民代表大会常务委员会，全书同。

产系统运行情况进行评测，从中启发对既有实践的引导和矫治；五是进一步整理 N 省、H 省近年人大主导财政支出绩效评价的实证素材，以应用相关技术建构，阐述实证方案、评价结果与影响因素等问题。为完善人大主导的中国特色财政绩效评价机制、提升财政绩效管理效能，应针对评价范围选择、评价技术标准和知识体系集成、第三方评价机制等方面不断优化，加快法治型绩效财政建设。

人大主导的财政收入—支出绩效评价是中国特色财政绩效管理顶层设计的内容。从评价基本权力关系看，人大主导、政府部门协同、第三方实施的组织模式可成为财政绩效评价的理想范式；针对财政收支绩效评价的技术体系应由管理绩效、监督绩效、执行绩效三个层次组成，各自形成相应具体指标，分别采用专家评价和第三方评价取得数据；作为整体的财政绩效社会再生产系统，其兼具塑造全社会良性绩效文化及巩固非平等绩效秩序的双重治理效能，合理利用可引导对评价技术治理取向的超越。当然，研究还有一些尚未解决的问题。一是全面绩效管理应包含财政收入、财政支出以及收支联动绩效管理三个维度，但后面两者目前在实践层面并未形成实质性探索，本书对此也未来得及深入展开。二是在现行体制下，如何加强人大主导财政绩效评价组织体系中相关部门相互配合、协同工作的效能，蕴含更加深刻的制度性需求。三是人大委托第三方评价面临准备程序较长、第三方市场不成熟等困扰，需要从法律、技术等多个维度协商处理。这些毫无疑问应该成为后续努力的方向。考虑到财政收入—支出绩效评价的宏观性及专业性，本书建议推动人大与政府、第三方合作建立有关研究和实践基地，形成稳定智库。特别在实施环节，可尝试建立一种人大统筹、政府部门协同、专业研究机构设计和监控、会计（审计）师事务所等执行的多级架构，以发挥各自专业优势，逐步摆脱财政绩效评价"审计化"的局面。

本书内容高度契合全面实施预算绩效管理和推动人大预算审查监督重点拓展的政策方向，其观点和结论有助于落实党的十九大以来中央在预算绩效管理领域的系列重要部署。本书尝试结合不同学科理论经验，能够给管理学、经济学、政治学等相关专业本科及研究生提供扩展阅读的素材。

在本书统稿编校阶段，华南理工大学公共管理学院研究生萨妮娅·吉爱提、李梅等做出了贡献，在此一并致谢。

目　录
Contents

上篇　评价体系

中篇　实证经验

下篇　启示与建议

第一章 人大主导的财政收入—支出绩效评价问题概述

第一节 人大主导的财政收入—支出绩效评价问题缘起

一、研究背景

财政是国家治理的基础和支柱，绩效管理为现代财政制度与国家治理体系的重要内容。加快推进绩效财政建设是践行《中华人民共和国预算法》（以下简称《预算法》）、落实党的十九大精神和《中共中央国务院关于全面实施预算绩效管理的意见》的客观要求。近年我国财政支出绩效评价发展迅速，但以地方自发为主，各地评价范围、指标内容混杂，公信力不彰。[1] 具体表现在以下四个方面。

一是在功能定位上，偏向资金使用合规性审查导致绩效评价与财务审计发生交叠。尽管理念上，财政绩效评价应重点关注宏观层面，主要是决策科学性、民主性，以及监管有效性，但实际做法大都立足于资金使用合规性（微观层面评价），与财务或财政审计功能难以有效区分。这就在一定程度上模糊了绩效评价与审计的差异性，导致预算监督的功能性重复，带来体制性摩擦与内耗。

二是在技术体系上，针对财政支出管理过程合规性与结果有效性的评价之间存在矛盾。根本来讲，政府绩效评价借鉴新公共管理运动确立的顾客至上、责任政府和服务型政府理念，应当强调结果导向与社会满意导向。反映到技术

---

① 尚虎平，雷于萱. 政府绩效评估：他国启示与引申 [J]. 改革，2015（11）：66 – 76.

层面，即有关评价内容及指标设计应尽可能采用结果性指标，凸显资金绩效目标实现。但囿于其公共资源或财政资金的属性，又必须适当兼顾过程管理，即以合规性或执行力作为结果和公信力的前提。理想情况下，财政支出过程规范性是实现结果有效性的充分条件。而考虑到组织不协调、制度不完善与信息不对称等约束，遵循程序的过程又是有成本的，并可能出错，如要快速获得有效结果有可能需要适度突破程序。这成为我国财政支出绩效管理中的一对隐藏矛盾。

三是在评价内容上，评价专项资金向评价一般支出扩展受到财政公共性目标及结果不易测量的困扰。财政专项资金有着目标明确、用途具体、绩效易于测量等特征，较为近似于传统的公共项目绩效评价，故可在一定程度上借用其成型的理论方法。但对一般性财政支出进行绩效评价则面临更多挑战。首先是其绩效目标往往更难量化，效益亦更难衡量；其次是不存在资金使用绩效，其受益者不是资金管理使用的责任主体，反而是政府服务的对象，即承担资金落实、分配和支付的政府部门（资金管理绩效和监督绩效）才是评价重点。截至目前，分类或一般性财政支出绩效评价仍处在探索阶段，特别是还没有针对其进行区别于财政专项资金的评价技术体系设计。

四是在价值导向上，财政绩效评价旨在推进预算民主监督而单纯评价支出绩效无法触动收入体制的深层变革。绩效评价为民主的范畴，推进预算民主监督作为财政绩效管理的根本目的。逻辑上，收入和支出构成财政预算的两个"臂膀"，两者是息息相关的。但长期以来，绩效评价仅关注到财政支出方面，这不能不说是"治标未治本"。

归纳这些问题的根源：一是财政绩效评价顶层规划不足，缺乏统一部署，有关主体权责不明；二是评价目标定位不清，凸显过程控制与执行力；三是参与力量单一，民主和法制保障不佳。这些问题解决则有赖于两个方面突破：第一，明确评价主体（尤其是牵头部门），确立一个兼具权威性和公信力的机构来主导评价，从而推动有关条件逐步健全，保证评价协调运转；第二，加快完善评价内容与技术标准，建立覆盖财政收入—支出全流程的全面绩效管理体系，形成层次清晰、指向明确、量入为出、结构优化的评价指标体系。

二、问题提出

习近平同志在党的十九大报告中提出，要加快建立现代财政制度，建立权责清晰、财力协调、区域均衡的中央和地方财政关系，建立全面规范透明、标准科学、约束有力的预算制度，全面实施绩效管理。① 这标志着我国财政绩效管理工作已提升至新的高度，也为理论研究与实践探索指明了方向。2018 年 3 月，中共中央办公厅印发了《关于人大预算审查监督重点向支出预算和政策拓展的指导意见》，要求地方各级人大及其常委会加强对支出绩效和政策目标落实情况的监督，推动建立健全预算绩效管理机制，要探索健全程序，创新方式方法，根据需要可引入社会中介机构为人大预算审查监督工作提供服务。2018 年 9 月，《中共中央国务院关于全面实施预算绩效管理的意见》进一步指出：我国要力争用 3 ~ 5 年的时间基本建成全方位、全过程、全覆盖的预算绩效管理体系，为此要着力开展对各级政府收支预算、部门和单位整体预算、重大政策与项目预算乃至政府性基金、国有资本经营预算的绩效评价，推进预算绩效目标管理和绩效运行监控，绩效目标和绩效评价结果要与预决算草案同步报送同级人大、同步向社会主动公开，自觉接受人大和社会各界监督。可见，由人大介入财政收支全过程绩效管理并发挥更大作用，不仅是强化人大预算监督权的必要举措，而且在某种程度上，代表了中国特色预算全面绩效管理机制的顶层架构和未来方向。

一方面，从评价组织看，强调人大主导旨在解决现有评价关联主体权责不清、技术标准不完善、效率和公信力不佳等问题。我国现有各地自发为主的财政绩效管理实践，往往评价范围、指标内容混杂，公信力不彰。在既有评价体系中，评价主体居于核心地位。2014 年修订的《预算法》及 2018 年中共中央办公厅发文都加强了人大预算监督的法律保障。从我国现实考虑，政府及其部门主导评价面临一定角色冲突，外部评价又缺乏组织保障，由人大来主导评价，则其具有评价权统一和权威、组织权有制、实施权相对独立以及评价效率和结果应用有保障的特点。人大作为财政绩效管理的领导主体，拥有超然的体制权威（强化民主价值和公信力），既能有效规范各方主体权责，又能充分调动资源，推动评价技术标准和法制健全，优化评价顶层设计。

另一方面，从评价内容看，评价财政支出绩效向收入绩效延伸旨在摆脱我国财政收支总量固定增长与结构失衡的困局。我国财政收入占 GDP 比重从 20 世纪 90 年代的 10% 以上增加至 20 世纪初的 20% 以上的水平，但收不抵支愈发明显，同时收支结构不合理，非税收入占比超过 30%。试图再以收支规模扩张来化解结构矛盾已无法为继。根本上，财政支出不足或绩效不彰是财政收入管理未强调绩效所致。评价财政收入绩效构成财政支出决策的重要依据。但

---

① 党的十九大报告 [R]. 新华网, http://www.xinhuanet.com/.

现有研究基本集中在财政支出绩效评价领域，只有将评价范畴向收入绩效延伸，建立全面完整的财政收入—支出绩效评价体系，才能提供衡量财政收支规模与结构的科学标准，推进财政管理科学化与民主化改革。

在此基础上，推进人大主导的财政收入—支出绩效评价在学理层面还衍生出了若干重要问题：一是这一评价模式、内涵及标准如何界定，它跟现有的财政支出绩效评价有何区别；二是人大主导评价的内容及其与现代财政制度乃至国家治理为何种关系；三是人大主导财政绩效评价的现实价值与技术路径为何。这些问题，部分已在学界和实务领域进行了较为深入的探讨，部分却在全面实施预算绩效管理背景下表现出新的意涵。总而言之，人大主导的财政收入—支出绩效评价究竟如何评价，从哪些维度、用什么标准去衡量，以及如何将结果付诸应用等，特别是在观念、制度（组织）和技术层面，应有怎样的创新来保证评价工作向纵深发展，又成为驱动问题破解的核心。

第二节　人大主导的财政收入—支出绩效评价基本内涵

一、人大主导的评价模式

从组织角度看，财政绩效评价包含评价主客体关系、评价流程、结果应用等要素，核心为相关责任者的权责关系。[①] 理论上，评价权、组织权、实施权和评议权构成评价"四权"。评价主体需掌握评价权和资源调度的能力，在我国为上级党委政府，但需由熟悉评价内容的部门具体组织，实现可操作。人大主导评价特指由人大掌握评价权，进而决定评价组织者（为政府相关部门）和实施者（为专业第三方机构）及其工作机制的组织模式，它的特点在于评价权统一和权威、组织权受监督、实施权相对独立以及评价效率和结果应用有保障。

人大主导的财政绩效评价模式作为一种新的理论设想和中国特色财政绩效管理顶层架构，可能超越现有从不同视角和理念进行的财政支出绩效评价建构；不仅强化了人大预算监督权，明确了评价相关主体权责和运行机制，且有

---

① 包国宪，周云飞. 中国政府绩效评价：回顾与展望［J］. 科学学与科学技术管理，2010（7）：105－111.

助于健全评价法制；既维护公信力，又保证效率，故能推进解决目前评价理论和组织困难。[①]

二、财政收入—支出绩效评价

全面实施预算绩效管理的一项重要内容，就是要求在现有财政支出绩效评价经验的基础上，把评价视域和技术方法进一步向财政收入延伸，以形成一种财政收支联动绩效管理的科学机制。对于财政收入—支出绩效评价的内涵，学界尚无公论。一般认为，财政绩效评价是政府绩效评价一种类型或重要组成部分，包含收入和支出绩效评价，重点关注财政收支决策的科学性与民主性，追求公共财政公信力提升，并兼具价值和工具双重理性。从概念上讲，财政收入—支出绩效评价是指基于结果导向和公众满意度导向，运用科学方法、规范流程、相对统一的指标及标准，对财政收入—支出的投入、过程、产出与效果等进行综合性测量与分析的活动。评价遵循"衡量水平、识别问题、方便操作、驱动进步"的原则，即基于财政收支预定绩效目标，依据既定指标体系，采用规范的组织流程，对收入—支出决策、执行和监督活动的经济性、效率性、有效性和公平性进行评析，评估整体绩效水平，发现存在问题，以及提出绩效改善与制度优化的对策建议。

应该说，财政支出绩效评价在我国经过多年的探索，已形成相对完整的组织和技术体系，并积累了较为丰富的实践经验。但财政收入绩效评价是新的范畴，旨在从技术上科学（定量）评估财政收入规模及结构的合理性，进而为我国财税体制（税费负担及结构）改革、中央与地方财政关系理顺以及现代财政制度构建提供支持。

三、评价体系与评价机制

财政收入—支出绩效评价是一个复杂的技术问题，当中涉及可量化的"绩效"与不可量化的"价值"元素。从内容上讲，绩效评价针对公共财政收支活动的经济性、效率性、效果性和公平性进行，遵循经典的"4E"原则；比如公平性本身作为财政公共性价值的内在元素，但财政绩效评价中的公平性评价，则是指要在财政收支管理过程中进行成本和效益的比对，进行单一目的

---

① 高洪成，娄成武．论基于人大的政府绩效异体评估 [J]．中州学刊，2012（5）：7-12.

和多元目的的权衡，勿因过分强调某方面追求而造成对其他方面追求的损伤。①

从操作上讲，财政收支绩效评价体系应包括理论体系、技术体系、组织体系和制度体系等内容，其中理论体系解决财政绩效评价对相关学科理论的诉求和演绎，技术体系面向评价内容并提供量化的技术规则，组织体系与制度体系作为评价实施及可操作的保证。② 组织体系和技术体系是确保评价科学性与可行性的关键，两者合称为"评价机制"。相对来讲，完整的评价体系构建是一个过于庞大的工程，研究者更关心一种以绩效为导向的公共财政收支管理模式究竟如何在技术上生成并在操作上付诸应用，它实际上是对评价技术体系、组织体系和制度体系相关问题的择要概说及有效整合。

第三节　人大主导的财政收入—支出绩效评价价值定位

一、价值目标

在前述功能下，之所以提出人大主导的财政收支绩效评价作为助力我国财政治理现代化的新型手段，其在价值和技术层面主要服务于以下三个目标。

第一，推动实现我国各级财政收入—支出总量长期均衡与结构持续优化。一方面，公共财政收支总体规模应与国民经济发展保持怎样的协调关系，简单如各级财政收支分别应占经济总量的多大比重，中央和地方财政各占财政总盘子的多大比重，依据什么标准来确定；财政收支水平之间应如何关联互动，以使财政（收入）资源能更好地满足人民日益增长的美好生活（社会公共服务）需要或实现对经济、市场和产业的有效调节，这种联动形态又该怎样与地区发展阶段、行政层级乃至文化差异等复杂因素相适应；等等。这些显然不是单纯地评价财政支出绩效所能解决的问题，也不应该仅从财政支出绩效一端去考量。另一方面，立足财政收支的结构层面，税收与非税收入占比、中央税（费）与地方税（费）占比该是多少，随着实践变化该如何调整；在财政总量有限的前提下，政府对经济、社会、环保、民生（教育、医疗、科技等公共

① 卢扬帆. 地方法治的绩效及其评价机制初探 [J]. 学术界，2017 (8)：31－43.
② 郑方辉，冯建鹏. 法治政府绩效评价 [M]. 北京：新华出版社，2013：59.

服务）各领域的支出该如何调配，怎样取舍。这是采用理想和量化的思维，对我国各级财政收支规模及结构进行质量监管的系统要求，也是实行财政收入—支出绩效管理必须明确的底层内容。

第二，促进财政收支决策与执行监督民主化，提升公共财政公信力及治理合法性。与前一目标相联系，各级各地政府对这些问题必已在多年的实践中形成了固定的目标模式或决策系统。但这些目标及决策本身是否科学合理，是否与时俱进，需要一种外部化立场乃至多元博弈的程序来加以判断。举例而言，"财政性教育经费占国民生产总值的比例达到4%"是一个经中央和国家文件确认、具备一定法律效力的支出目标，并已严格落实到各地各级政府相关工作中；然而4%究竟从何而来，实为西方发达国家在20世纪90年代的标准。它对于20余年后的我国来讲是否仍然适合，显然需要更加理性和客观地分析。诸如此类，通过人大主导的绩效评价来引入多元主体参与，实现民意表达渠道畅通，旨在为财政收支的目标设置及决策实施提供一种内外监督机制，促使其不断回应社会和时代的需要，从而增强公共财政公信力，夯实国家治理合法性基础。

第三，理顺央地财政关系，完善现代财税体制，更好地服务于现代化经济体系建设。从科学导向民主，把两者结合起来即涉及制度的问题。财政收入、支出两端以及两者联动的目标和决策机理，背后实为我国央地财政关系与财税体制的深层内容。比如中央与地方财政收入各设多少税费品种、其共享或分成比例为多少、税费征管机构怎样设置和运转等，这些随着时间和形势又会发生明显变化。我国国税与地税系统的分离曾是为了解决中央财政收入占比较低的问题，通过分设央地（共享）税种及均衡人员配置强化对中央财政收入的保障；但近年税制改革导致地方税种和业务量萎缩，而国税征管压力日增。此前机构改革将省级和以下的国税地税系统合并，则能更好地在央地税收分成、税费比例协调和征管体系统一等方面发挥均衡作用。[①] 从逻辑上讲，它也是财政收入—支出绩效评价在结构层面应当关注和力图调控的方面。通过各级人大对政府财税征管体系的统一监督，公共财政将更加聚拢有效资源，更好地服务于宏观经济调节、产业布局优化与区域发展均衡等凸显"绩效"的工作，从而发挥现代财税体制对现代化经济体系建设的保障功能。

---

① 范子英．国税地税合并的逻辑［DB/OL］．搜狐网，http：//www.sohu.com/a/229543950_701468.

二、功能定位

（一）人大主导财政收支绩效评价是现代财政制度的固有内容及治理导向

考察财政绩效评价在现代财政制度中的地位，厘清财政、预算以及绩效管理的内在关系是个前置性问题。一方面，分析财政与预算的联系，伴随近代以来政府职能强化与财政规模增加，财政收支不得不越发依赖一种提前规划、全面监控和定期清算的制度性办法，以实现所谓国家的"数目字管理"。这是现代预决算制度的起源。预算作为法定程序审核批准的（国家或地区）年度集中性财政收支计划，不仅规定了财政的来源、用途和数量，也反映了政府活动或政策的范围及方向。预算所强化的是财政运作的法定性、公开性、系统性和预测性，在这个意义上，它构成整个财政治理体系的重心或蓝本。但"预算包含的不只是预测，还涉及有计划与巧妙地处理各种变量，这些变量决定了政府努力所能达到的绩效"。① 可见作为现代财政的预算管理，绩效也是一项至关重要的追求。财政绩效管理即是一种以绩效为导向的财政治理模式，它通过整合不同的财政关联主体、权衡与选择明确的公共收支绩效目标、建立规范的绩效评价体系、对目标实现程度进行评价并将评价结果与预算编制和行政问责紧密结合起来，实现财政管理上的闭合循环。② 事实上，就预算编制与实施控制的依据来讲，西方和中国都正在经历一个从"投入预算"向"产出预算"再向"绩效预算"演变的趋势。"绩效"所强化的正是财政治理的效率和责任意识以及公共服务的理念。

另一方面，从财政活动的发展历程看，早在封建时代，无论东西方，财政基本等同于王室经营的收支管理，与私人财务无本质区别，故称为"家计财政"；随着近代民族国家与中央集权政体兴起，一种由政府集中支配的全国统一的财政收支体系逐步形成，由此衍生主要依靠赋税来满足社会公共需要的"国家财政"模式。③ 直到现在，这几乎仍是各国的主流。进一步由于市场经

---

① 刘国永. 预算绩效管理概述 [M]. 江苏：江苏大学出版社，2014：7.
② 刘玉栋. 公共支出的人本绩效预算研究 [D]. 中国海洋大学博士学位论文，2010：7-9.
③ 周刚志. 论公共财政与宪法国家：作为财政宪法学的一种理论前言 [M]. 北京：北京大学出版社，2005：18.

济体制在世界范围的扩张，"公共财政"作为与之相应的特定范畴被不断强调。① 它是指市场经济条件下专门为满足社会公共需要（公共服务）而构建的国家财政模式，其关键要旨：一是国家从事经济收支活动需以满足社会公共需要为目的，公共财政的职能是为弥补市场经济自然运作的缺陷；二是公共财政收支及其管理主要依靠民主程序的公共选择来完成，强化"有限政府"理念。② 从某种程度上讲，满足公共需要（弥补市场缺陷）即要求凸显公共财政的"有效"或"绩效"属性，"有效性"正是其"公共性"的来源和保障。尽管公共财政不直接等同于现代财政，但前者却是以后者为限域来设计的。现代仅相对于传统而言，"只有在现代性语境下关注公共性问题才是有根基的"；"现代"所描述的社会性状有三个支点：一是欲望的激发和快乐的满足构成其动力源泉，二是科技的快速发展与应用作为整体性环境，三是以市场为导向的资源配置提供了基础手段。③ 由此，现代性与公共性、市场性与效率性（满足需要与增进幸福）即是你中有我、共融互通的关系。就财政治理而言，"公共财政"谈的是财政的本质属性和体制适配问题，"现代财政"则指向财政的发展导向与治理能力提升。④ 但无论是现代财政还是其上建构的公共财政，"绩效性"或"绩效管理"都应与市场性、民主性、法定性和有限性一道，成为其固有属性及本质精神。2014 年修订的《预算法》，立法宗旨和调整范围转变对此有所体现：一是删除了"加强国家宏观调控"规定，明确现代公共财政定位，树立健康的政府与市场的关系；二是把"强化国家对预算的管理监督"修改为"规范政府收支行为"，实现从"控权法"到"管理法"的进步，同时拓宽法律调整范围至"全口径""全过程"的预决算管理。⑤ 《预算法》要求政府财政既不"越位"也不"缺位"，某种程度上，不"越位"就是要保证预算管理"法定"和"有限"，不"缺位"则是力求预算落实要"结构优化"及"实现绩效"，依靠政府之外的人大监督来实现"他律"无疑更行之有效。

---

　　① "公共财政"模式的理论逻辑是从分析市场机制的缺陷入手，揭示国家财政活动的正当性与必要性，进而界定财政管理的职能范围及其过程手段；市场失败理论、公共物品理论和公共选择理论分别构成现代西方财政学的三大支柱，前者主要解决财政存在的合法性问题，中者解决财政的规模与职能问题，后者在一定程度上解决了公共物品生产与定价也即是财政收支与监控的"效率最大化"问题。

　　② 高培勇. 公共财政：经济学界如是说 [M]. 北京：经济科学出版社，2000：6.

　　③ 晏辉. 现代性语境下公共性问题的哲学批判 [J]. 哲学研究，2011（8）：115 – 121.

　　④ 王庆. 论现代财政与公共财政——兼述我国现代财政制度的构建 [J]. 当代财经，2014（10）：25 – 35.

　　⑤ 尹中卿. 新预算法的十大亮点 [J]. 中国人大，2014（23）：40 – 44.

（二）人大主导财政收支绩效评价是推进公共财政民主监督的科学手段

如党的十九大报告所指，全面规范透明、标准科学、约束有力是对新时代我国预算制度建设的要求，其背后则服务于塑造一个权责清晰、财力协调、区域均衡的财政治理体系（央地财税关系）。从某种程度上讲，以上六个方面也成为中国特色现代财政制度的理想特征。细究其内涵，这六项特征可大致分为三层：一是关于财政治理的科学性，包括全面规范透明与标准科学；二是关于财政治理的民主性，包括权责清晰和约束有力；三是既有科学性的事实判断，又有民主性的价值判断，包括财力协调与区域均衡。协调或均衡不是"均等"，而是蕴含"适当"的价值逻辑。科学性和民主性构成现代财政治理的两大基石。进一步分析，财政治理的科学性指向一是"透明"，二是"标准"，两者共同产生"规范"；财政治理的民主性则指向一是"权责"，二是"监督"，两者共同确保"协调"。因此，推进公共财政的公开透明及民主监督又是实现财政治理现代化的关键手段。那么在技术角度，财政透明和监督都需依赖一定的客观前提，旨在令相关主体掌握一个完整、权威且有效的信息依据。

在强化人大预算监督视域下，各级财政收支预算作为政府科学编制、广泛民主论证、人大法定授权的公开文本，提供了对政府活动以及收支决策最为直接和精确的体现；同时要求将财政预算的全口径、全过程纳入人大绩效监督，包括全部资金的目标设置、分配与批准、执行与监督、目标完成与评价等环节。要评价，首先必须公开，且需以量化指标说事，并形成系统评分以查漏补缺、奖优罚劣，从而助推财政治理的标准化和规范化。不仅如此，通过在绩效管理中日益广泛地引入社会满意度评价等方法：一是厘清了预算治理相关主体权责，促进决策者、组织者、实施者和评议者相对分离与各司其职；二是强化了公众民主权利和监督意识，推动政权体系与社会系统的有效沟通；三是回归公共财政本质，回应社会需求，针对性地改善财政绩效。这是财政绩效评价对推进财政治理民主化的贡献。总之，人大主导的财政绩效评价"不仅提供了一个观察政府的有利位置，还提供了一种维护政府可信度的方法"。

（三）人大主导财政收支绩效评价是加快建设现代化经济体系的必然取向

建设现代化经济体系是深刻把握中国发展现实与社会主要矛盾变化的战略定向。从其内涵看，聚焦于转变发展方式、优化经济结构和转换增长动力三大任务"攻关"，并力求实现更有效益的经济水平和经济增速、更高质量的经济增长方式、更平衡的区域和城乡发展格局、更完善的市场经济体制、更全面的对外开放以及更完善的现代化产业体系、空间布局结构和协调程度。[①] 纵观六者，经济增速和发展方式转型有赖于各级政府目标设定与考核的有效调节，经济结构和产业布局优化有赖于政府扶持或约束机制的科学引导，区域均衡与对外开放加深则有赖于政府惠补措施的精准发力。这些毫无疑问都是财政收入—支出政策的绩效表现。

我国政府在国家发展和市场运作中发挥重要的调控功能。财政政策和金融政策作为"看得见的手"，相比之下，财政政策的使用频率和结果效力又显而易见。那么，财政收入（如税费征管）与支出（如投资补贴）政策的绩效即在相当程度上决定了政府经济调控成效。因此，加强人大对财政全面绩效监管，提高财政收入—支出与其相关政策质量，是关系到宏观经济转型升级的关键内容，亦是建设现代化经济体系的必然选择。

（四）人大主导财政收支绩效评价是提高政府及社会治理绩效的有力保证

若将作为整体的国家治理简化为政府治理（相应于公共领域）和社会治理（相应于私人领域）两个层面组合，则这两个层面治理的过程及结果有效是国家治理取得成功的逻辑保证。[②] 毫无疑问，两个层面的治理目标、行动以及结果都对彼此产生影响，形成相互激励和约束的关系。故要提升国家治理的整体绩效，即需采用一种科学的制度设计或治理结构来促进两者沟通，消除抵抗和增强合力。[③] 那么，建立在公共财政基础上的绩效管理即可承担这种功能。一方面，公共财政以满足社会公共需要为天职，但公共需要是无限且多元的；如何把稀缺的公共资源投入到更有效的领域以实现横向或纵向的公平，人大主导的财政收支绩效评价在一定程度上提供了这方面的科学手段和判断标

---

① 陈希琳，许亚岚，于佳乐. 全面解读现代化经济体系——六大特征、三个难点、五条路径 [J]. 经济，2017（23）：20–21.

② 国内学者如高小平等把国家治理系统的基本层次解读成一个由国家治理、政府治理、社会治理、社区治理组成的梯次系统；汪习根等亦认为构建国家治理体系可从公共领域、私人领域、社会领域三个维度入手。本书认为，在中国特定的政治与社会结构下，企业、社会组织、新闻媒体、专家学者和普通公众等在相当程度都可视作私人领域的代表（集合性或专业性公众）；故为简化分析，将私人领域和社会领域暂作合并，统以社会治理代称。参见：高小平，刘杰. 试论我国国家治理体系的价值目标、结构及层次 [J]. 工程研究—跨学科视野中的工程，2015（2）：130–136；汪习根. "全面推进依法治国"笔谈之三：国家治理体系的三个维度 [J]. 改革，2014（9）：13–16.

③ 卢扬帆. 国家治理绩效：概念、类型及其法治化 [J]. 行政论坛，2018（1）：81–87.

准，成为提升政府治理绩效的工具。另一方面，财政管理的核心涉及国民财富在公共部门和私人部门（各类社会主体）之间分配与流动，如财政收入主要是资金从私人部门向公共部门转移，支出则反之。但无论公私部门都是理性的行动者，政府若为私营主体的绩效追求提供更有效率的支持和帮助，则将带来其设立更高绩效目标、付出更大努力以取得更好业绩的倾向，改善社会治理成效。来自广东省的实证经验表明：政府经营性补贴增加和监管放松能显著地提升财政投资乘数、补贴资金使用效果和企业经营绩效。① 也就是说，公共财政以绩效为导向的收支安排传递给社会主体将对其绩效行为产生重要激励；通过人大主导的财政绩效评价来实现政府治理和社会治理绩效系统之间有效联结及相互促进，进而实现国家治理整体绩效的优化，将比其他方式更为便捷与直接。

三、技术与制度效能

一是把绩效评价的理念和技术导入财政监督，构建体制外指向体制内的完整监督机制，增强了财政监督的科学性与民主性。传统的财政监督要么停留在体制内目标考核的范畴，要么局限于合规性等水平评价。人大主导的评价机制要求财政管理的各环节均强调绩效意识，体现绩效理念，包括在投入上讲求经济性，在过程上实现规范性和效率性的平衡，在产出上实现财政目标或发挥经济社会效益，在效果上达到社会满意并具有公信力。这实际上是给财政管理设置了更高的实践标准，也对财政监督提出了更高的技术要求。

二是采用多层次多维度量化分析，深度挖掘第三方评价结果，拓展了财政监督的手段及功能。传统的财政监督更多依赖于调研、汇报、访谈等信息收集方式，往往个案有余而整体不足，定性有余而定量不足，即便采用统计数据亦停留在简单描述的层次。人大主导评价模式通过构建完善的评价体系，形成针对财政绩效的量化评分，并进行大样本持续多年的跟踪积累，则可进一步借助描述统计、推断统计、相关分析、回归分析等多元工具，深入挖掘评价数据的特点，剖析原因，从而给财政绩效水平提升和财政监督效果改善提供有针对性、真实可操作的建议。

三是基于一手数据，对照中国现实环境进行专题探讨，丰富了财政监督和

① 卢扬帆，原珂. 政府监管还是企业自治——财政经营性补贴方式改革的冲突与治理 [J]. 甘肃行政学院学报，2017（4）：4–16.

第三方评价的经验成果。针对财政绩效管理过程规范性与结果有效性的悖论、不同评价主体如何影响评价组织及评价效果等系列重要的实践问题，这一研究利用中国省域经验证据，可提供切合现实财政环境和体制特性的分析与解释，不仅有力推动了财政绩效管理实证研究的进展，亦在客观上佐证了"人大主导、财政部门协同、第三方实施"财政绩效评价模式的优越性。

四是作为政府职能定位、公共决策制度的创新形式，完善了国家民主法制体系。我国是行政主导型国家，政府拥有一定的立法权、决策权。但我国行政系统的立法、决策又是在党委领导下、在人大监督下实施的。由人大常委会组织开展财政收支绩效第三方评价，有助于政府在用权、决策的过程中，自觉主动地接受人大的监督，科学有度地行使决策权力，将行政管理决策权关进制度的笼子里。通过第三方评价可以间接发现政府职能转变不到位的具体表现，有助于政府进一步推进简政放权、放管结合、优化服务的改革。同时人大对自己主导开展第三方评价进行立法，不仅有利于加强我国立法机关自身建设，而且是贯彻落实《中华人民共和国立法法》，完善国家法制体系的重要举措。

第四节　人大主导的财政收入—支出
绩效评价现实基础

尽管距离全面绩效管理的要求还有距离，但我国财政支出绩效评价早已兴起，对于评价什么、如何评价一直处在探索中。2011 年，国务院批准财政部等 6 个部门和杭州市、深圳市等 8 个地区为政府（财政支出）绩效管理试点，进一步将该项工作推向全国。牛美丽曾就我国地方绩效预算改革做了十年回顾，她指出，中国财政绩效化进程已形成以事后评价来改善资金使用效果、从人为分钱到制度分钱、以绩效预算促民主理财三种模式，并在地方层面取得了显著成效。[①] 基于第三方立场对国内外同类研究和实践的持续跟进，可以更微观的视角对其特点进行总结，这些经验构成推动人大主导的财政收支绩效评价发展的重要基础。

---

① 牛美丽. 中国地方绩效预算改革十年回顾：成就与挑战 [J]. 武汉大学学报（哲学社会科学版），2012（6）：85 – 91.

一、研究现状

（一）评价理念经历了从财务审计到绩效审计再到绩效评价的转变

财政支出绩效评价发端于 20 世纪初美国的公共工程社会效益分析，以古典经济学和科学管理理论为基础（强调市场的自体均衡性），服务于财政支出执行规范、成本节约与效率提高的目的，凸显目标考核、过程控制的工具色彩；20 世纪 40 年代起进入所谓绩效审计时期，基于福利经济学和凯恩斯主义（侧重对公共项目带来社会福利增减的评估），其理念区别于前者，更加关注财政支出的效果性，凸显结果导向；20 世纪 80 年代以后，随着新公共管理思想和可持续发展理论的扩张，评价进一步强调财政支出的公平性与回应性：一是作为反思和纠错财政支出决策及其目标设置的机制，彰显财政民主性与公共性价值；二是突出责任政府、公众满意导向，旨在提升公共财政的公信力。[①]

（二）评价内容（标准）从 2E、3E 逐步扩展至 4E 准则

源自 20 世纪 60 年代美国会计总署提出经济性（economy）、效率性（efficiency）、效果性（effectiveness）的测量框架，以及新公共管理运动加入的公平性（equity）内容，财政支出绩效评价逐步确立所谓的"4E"原则。但这一过程不是一蹴而就的。早期财务审计重点审查财政支出的真实性与合规性，实际遵循了经济性和效率性的"2E"评价标准。绩效审计通过加入支出进度完成、目标实现质量、对环境影响等内容，构成合规性与效果性并重格局，实现从"2E"到"3E"的扩展；绩效评价又进一步强调支出必要性、目标科学性、制度合理性与结果公平性等方面，要求财政决策在互相矛盾及不同代际需求之间权衡，从而再度延伸至"4E"评价标准。[②]

（三）已形成针对财政支出管理、使用和监督绩效评价的较为规范的技术体系

技术体系包括评价指标、权重、评分标准和周期等，背后指向不同评价客体的权责划分。财政支出绩效评价客体一般包括资金管理、使用和监督的责任

---

①　朱衍强，郑方辉. 公共项目绩效评价［M］. 北京：中国经济出版社，2009：18 - 20.

②　施青军. 政府绩效评价与绩效审计差异比较［J］. 中国行政管理，2012（4）：25 - 27.

者（单位或个人），分别产生资金管理绩效、使用绩效和监督绩效。受上级党委政府委托，我国早期评价基本由财政部门主导和组织，其内容（指标）集中在资金管理过程与目标实现维度，对应的是资金使用绩效。随着评价向纵深发展，前沿实践已将评价内容定位在三个层面：一是宏观层面针对财政支出决策及管理办法的科学性与可行性；二是中观层面针对资金落实、管理与监督的有效性；三是微观层面针对资金使用的合规性与绩效目标的实现。在技术上，三者采用不同评价指标和标准，且其在整体评价中的权重亦按专家意见确定，构成一个逻辑清晰、结构严整、内容全面的规范技术体系。

二、实践进展

（一）在组织模式上，从体制内评价到第三方评价

财政支出绩效评价最早从体制内自评开始。财政部提出的绩效评价组织程序要求，由预算部门负责制定本部门绩效评价规章制度，具体组织实施本部门评价工作，并向同级财政部门报送绩效（评价）报告。这是一种典型的政府系统内部评价模式，无论财政还是预算部门都为资金管理使用的主体。而从试点地区（部门）的评价实践来看，无不将体制内评价当作推动改革实施的一个重要阶段，或将单位自评作为整体评价的一个基本环节。广东省是全国率先开展财政支出绩效评价的省份，其在省级层面实施体制内评价主要有三种方式：一是凡 500 万元及以上支出项目均需按要求开展绩效自评，项目实施单位提交自评报告，财政部门组织抽查或复核；二是每个预算年度选择部分重点项目，在单位自评基础上由财政部门进行综合绩效评价；三是对影响较大或跨年较长的项目，由省财政厅直接组织中期绩效评价。这些机制自 2009 年启动便一直延续至今。然而，随着评价范围扩张和绩效预算改革向纵深发展，体制内评价逐渐显出弊病：其中首要的是面临运动员和裁判员的角色冲突，难以满足评价公信力的要求；其次，财政或预算部门人力及专业水平有限，难以对各行各业财政支出作出科学评价。进一步配合政府职能精简和向社会转移趋势，以及财政民主化与增强社会监督诉求，由财政部门发起和委托专业第三方机构实施评价日益成为主流。实际上，到 2010 年以后，广东省体制内评价三种机制的后两种，即主要通过委托第三方完成，500 万元以上支出项目的年度自评审核亦部分交由第三方承担。其他省市引入第三方评价的规模也不断扩张。第三方依托其民间性、独立性和专业性，较好地服务了财政支出绩效评价的民主化与科学化目的；甚至可以

说，第三方评价已构成政府（财政）绩效评价的本质要求。仅以广东省为例的数据显示（见表1-1）：截至2020年，该省纳入第三方绩效评价范围的财政资金累计超过2000亿元，覆盖科技、能源、环保、教育、安全生产、民生保障、产业发展等领域，涉及（抽查）基层用款单位（子项目）60000余个。

表1-1　　　　　广东省财政支出绩效委托第三方评价基本情况

评价时点	委托机构	专项资金（委托项目）名称	评价范围（万元）	子项目（个）
2010年	省财政厅	2006~2009年省级安全生产专项资金	25000	417
		2005~2009年省级现代服务业发展引导专项资金	26892.40	648
		2008~2009年省级节能专项资金	30336	430
		2008~2009年粤东西北地区污水处理设施建设专项资金	189740	94
2011年	省财政厅	2010年度省级财政支出项目绩效自评审核	—	—
		2009年小型水库除险加固省级补助专项资金	120500	1180
		2010年城乡义务教育补助资金	453800	21236
		2010年新型农村合作医疗补助资金	255186.46	86（县）
		2010年新型农村社会养老保险补助资金	16159	33（县）
2012年	省财政厅	2011年度省级财政支出项目绩效自评审核	1983723	357
		2009~2011年省级民办教育发展专项资金	8144	541
		2010年首批战略性新兴产业发展专项资金	173620	109
		2011年经济欠发达地区基层医疗卫生机构补助资金	24500	402
		2011年省级国省道新改建专项资金	34799	35
		2011年农村饮水安全省级补助专项资金	48000	569
		2011年省级沿海防护林及红树林专项资金	3500	24
2013年	省财政厅	2012年省级"十件民生实事"财政资金（含108个专项）	4787359.73	约15000
		2011年高端旅游项目发展专项资金	5000	15
2014年	省财政厅	2012~2013年省级旅游产业园区竞争性扶持资金	60000	26
		2012年"两新"组织党建工作补助经费	5858	12817
	省人大常委会	省级第二、第三批战略性新兴产业发展专项资金LED与新能源汽车项目	142610	108
2015年	省人大常委会	2011~2014年全省农村危房改造补助资金	440000	44万（户）
		2012~2015年全省基础教育创强奖补资金	989443	2800

续表

评价时点	委托机构	专项资金（委托项目）名称	评价范围（万元）	子项目（个）
2016 年	省人大常委会	2014～2015 年省级产业园扩能增效专项资金	1059956	75
		2014～2015 年省级企业技术改造专项资金	373000	200
2017 年	省人大常委会	2015～2016 年省级促进高端装备制造业发展专项资金	976625	238
		2016 年省级企业研究开发补贴资金	352604	5264
2018 年	省人大常委会	2016～2017 年省级扶贫开发资金	748574	14 市及35 县
		2017 年省级基层医疗卫生服务能力建设资金	1014118	5639
2019 年	省人大常委会	2016～2018 年省级水污染防治资金支出绩效第三方评价	401212	400 +
		2014～2018 年省级新农村连片示范建设资金支出绩效第三方评价	660000	2382
2020 年	省人大常委会	2018～2019 年大湾区坚决打赢蓝天保卫战省级财政资金支出绩效第三方评价	466826	52
		2018～2019 年加强固体废物综合管理省级财政资金支出绩效第三方评价项目	10031	17
	省财政厅	2019 年度省级 10 个民生实事、41 个重点项目和政策、26 个部门整体支出绩效评价	4990554	15000 +

资料来源：据广东省财政厅网站（http：//www.gdczt.gov.cn/ztjj/dlpj/）、广东人大网（http：//www.rd.gd.cn/）等公开信息整理绘制。

（二）在评价权归属上，从财政部门组织评价到人大主导多元主体参与评价

财政绩效评价组织涉及评价主体的权责结构，背后为评价权、组织权、实施权和评议权的复杂关系。[①] 我国财政支出绩效评价缘起于财政部门发起和组织。无论是体制内自评还是委托第三方评价，财政部门都曾在其中扮演重要甚至主导角色。以致在财政部印发的《财政支出绩效评价管理暂行办法》（2009 年版和 2011 年版）中，直接将财政支出绩效评价界定为"财政部门和预算部门（单位）进行的评价"。广东省财政厅 2004 年在全国率先成立绩效评价处，作为财政支出绩效评价官方组织机构。其他省市如辽宁省、广西壮族自治区、福建省、厦门市等亦纷纷加入，尤其自 2010 年后，每年均由财政部门委托第三方对部分专项资金开展绩效评价。但是如前所述，财政

[①] 包国宪，曹西安. 地方政府绩效评价中的"三权"问题探析 [J]. 中州学刊，2006（6）：44 - 45.

部门主导评价在满足公信力和专业性等需求上存在欠缺，它与被评单位同为政府组成部门（行政级别相当），常需被评单位配合完成各项工作或提供政绩互评；且其本身对资金分配和监管负有责任，某种程度上也应是被评对象。故出于部门利益等因素，往往缺乏足够的动机去获得、尊重和发布一个较为负面的评价结果。① 尽管评价报告都以第三方名义发布，财政部门亦称评价过程基本独立，实际上其仍对结果拥有较大的影响力，或说第三方机构基于完成项目的考虑，可能会尽量揣测或尊重委托方的意图和评价意见。

现实环境下，评价发起主体或评价组织模式成为制约财政支出绩效评价进一步走向纵深的关键障碍。为摆脱这一困境，广东省自 2014 年起尝试由省人大委托第三方对重要财政专项资金实施绩效监督（评价）的模式，此举为加强人大预算监督职能、提升评价民主性和公信力的重要举措，开全国先河。目前该模式已成功运作 8 年，引起学术和实务界的强烈关注。应该说，人大主导的财政支出绩效评价相对于财政部门组织而言，其参与主体更加广泛（包括财政和主管部门、第三方机构、专家学者和社会公众均对评价结果做出贡献），评价手段更加丰富（通过课题组评审、专家评议、书面质询、现场答辩及问卷调查等多个环节互相取证），评价内容也更加全面。从实践来看，包括云南省、浙江省在内的多个省市近年也在不同程度引入人大、政协等共同参与财政支出绩效评价，可视为对这一模式的印证和支持。

（三）在评价内容与技术上，从资金使用绩效评价到资金整体绩效评价

人大主导的财政支出绩效评价模式不同于以往，其中一个要点即其扩充了评价内容，完善了评价技术体系。从某种程度上讲，财政部门组织评价更多从资金管理过程及结果角度，针对的是资金使用绩效。然而，单纯就资金使用进行评价并不足以凸显绩效评价的民主价值，或使之区别于财务审计。绩效评价更应采用宏观视角，对财政资金设立及分配的科学性、民主性和公平性以及资

---

① 仅以广东省 2012 年"十件民生实事"财政资金为例，对其内含 114 个专项资金绩效评级为优或良（评分高于 80 分）达 84 项（占 73.7%），评级为中的 23 项，评级为低的仅 7 项；表 1 - 1 所列财政部门委托评价的 21 项资金来看，亦有一半以上评级为良。参见郑方辉、廖逸儿. 第三方评民生财政专项资金绩效实证研究——以 2012 年广东省为例［J］. 华南理工大学学报（社会科学版），2015（1）：64 - 72.

金绩效目标、管理规则本身设计的合理性与可操作性等作出评判；换言之，评价的功能定位应指向资金管理绩效和监督绩效。在广东省由人大主导、政府职能部门协同、第三方实施的模式实践中，提出了完善的财政支出绩效评价内容及对象体系（见图1-1）。其中评价对象涉及资金使用和监管的责任主体，包括资金使用者、管理者和监督者，分别对应资金使用绩效、管理绩效和监督绩效，三者合成资金整体绩效。它无疑更为全面或更能体现评价的本质，故可作为我国财政支出绩效评价发展的重要方向。

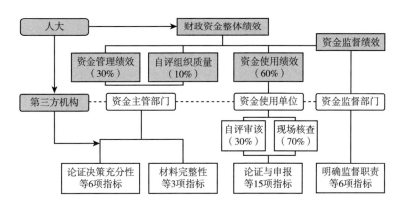

图1-1　人大主导的财政支出绩效评价体系架构

资料来源：笔者自制。

（四）在评价范围选择上，从专项资金到分类（一般）财政支出绩效评价

从评价范围看，我国财政支出绩效评价起步于对财政专项资金评价。而随着实践扩展，近年已有一种专项资金绩效评价逐步向类别性或一般性财政支出绩效评价延伸的趋势，主要表现在以下两个方面：一是被评的专项资金规模不断扩大，不少评价标的实为以"大专项"名义整合了若干"小专项"，其本质为类别性财政支出，如表1-1中"战略性新兴产业发展专项资金"实际包含了LED与新能源汽车、高端电子信息产业、政银企合作、核心技术攻关等11个资助专题，"基础教育创强奖补"亦包括对义务教育、学前教育、特殊教育和建设教育强镇、强县、强市等补助方向，资金额达上百亿元。二是确有部分非项目性的一般财政支出列入评价，并呈增多的态势，比如新型农村合作医疗、农村社会养老保险、义务教育公用经费、农村危房改造等补助，这类支出更多体现政策性或普惠性，不以具体项目和具体单位为载体。事实上，从专项资金评价向一般财政支出评价过渡，不仅符合了我

国财政支出结构调整和优化（压缩专项预算、增加一般预算）的迫切需求，而且服务于建立一个覆盖范围更广、评价内容更全面、对象包容性更强的通用型财政支出绩效评价体系。

（五）在法制保障上，从非定类不定期评价到制度化规范化评价

无论中央还是地方层面，财政支出绩效评价都从试点开始逐步迈入正轨。早期评价实践多存在非确定性特点，规范化程度并不高，具体表现在：一是针对什么领域、何种类别资金进行评价并无明确标准，评价范围（纳入资金规模）受组织方意图与特定时期工作重心影响明显；二是评价发起时点或针对时段弹性较强，有对上一年度或相隔若干年度资金进行评价，也有对尚在实施中甚至下拨不久的资金评价；三是采用内部评价或委托第三方评价、第三方机构的选聘程序、评价技术方案与实施流程、第三方工作的独立性以及评价报告范式等差异较大。但是，有关评价的管理制度日臻完善、评价组织和技术体系日益结构化、各环节操作不断走向规范作为一个共同的趋势。全国来看，财政支出绩效评价制度化与规范化进程已形成若干里程碑。首先是财政部2009年印发《财政支出绩效评价管理暂行办法》，并在2011年作出修订，成为（国家层面）效力最高的规范性文件，当中对评价相关主体权责、评价基本方法与内容架构等进行了规定。其次，2014年《预算法》及《中华人民共和国预算法实施条例》以基本法律（法规）形式确立了"预算绩效原则"，特别在预算编制、审查和批准、执行和监督以及决算各环节均指明了绩效导向的相应要求；2018年中共中央办公厅印发《关于人大预算审查监督重点向支出预算和政策拓展的指导意见》和《中共中央国务院关于全面实施预算绩效管理的意见》，提出了更为宏大的设想与工作指南。再次，北京市、广西壮族自治区、海南省等省（区、市）进一步颁布了财政支出绩效管理实施细则或评价专家（中介机构）等管理办法，哈尔滨市制定了国内首部政府绩效管理地方性法规。2016年《广东省人大常委会开展预算资金支出绩效第三方评价实施办法》出台，对人大主导条件下委托第三方评价的诸方面做了比较细致的规定，其中颇为关键的一是确定评价范围是针对政府重大投资或重点项目、重大民生保障财政支出，具有规模较大、社会关注度较高、关乎国家或地区长远发展战略以及群众根本利益等特点；二是对第三方机构的资质和选聘流程、评价工作程序及结果运用方式等进行了规范；三是首次提出评价内容指向宏观、中观与微观三个层面，并对评价结果呈现及报告体例作出要求。

第五节　本书主要内容、研究思路与方法

一、主要内容

一是中国特色财政绩效评价顶层设计。横向包括评价价值目标、功能定位、权责结构和实践原则，纵向包括现状评析和理想建构。评价以何为价值导向，凸显怎样的实践功能，如何将其落实，涉及哪些评价角色，权责如何划分，对其相互作用有何规制，应先于评价内容、技术和具体环节探讨。

二是人大主导、政府部门协同、第三方实施的评价组织模式。依据确定的权力结构，由人大主导评价具有什么优势，仍需怎样条件，人大主导与政府部门组织的关系如何理顺，委托第三方实施评价存在何种障碍，如何使评议者理性评议，人大如何监督评价等，是保证评价组织效率的关键。

三是财政收入—支出绩效评价内容和技术体系。内容为技术的指南。静态上，财政收入、支出绩效评价内容分为哪些层次，关注重点为何，分别适用怎样的指标方法；动态上，评价内容和指标设计对应财政收入及支出管理各环节，应如何科学划分及提炼评价标准，体现关键指标评价原则。

四是人大主导的财政收入—支出绩效评价实证研究。将财政收入—支出绩效评价组织和技术体系付诸应用，进一步形成操作化方案，并基于典型省份以及全国的经验素材，从评价结果、研究发现和对策建议等维度作出深入分析，实现对评价体系的有效验证。

五是人大主导财政绩效评价机制的完善思路与法治保障。包括如何将财政收入和支出两个环节评价互相关联，如何基于人大权威加强评价问责，如何完善法律制度使评价具备更强的组织保障，等等；应基于实践归纳其中的现实困难，并提出改进的具体建议。

二、研究思路

尽管财政支出绩效评价在我国已有实践基础，但人大主导的财政收入—支出绩效评价作为一个新的研究范畴提出，兼具价值和技术双重理性，故仍有待进一步明确其内涵、厘清权责关系、完善技术和组织建构，并在实证应用中加以检验。本书立足于此，其总体思路（见图1-2）为：基于国内外财政支出

绩效评价研究与实践评析，以及 N 省、H 省等个案的深度观察，遵循层次分析法和专家咨询调查的技术规范，构建人大主导的财政收入—支出绩效评价完整体系。具体来讲：一是明确评价价值导向、功能定位和现实基础，提出中国特色财政绩效评价顶层设计；二是从评价权、组织权、实施权与评议权的关系入手，厘清评价有关主客体权责结构，确立人大主导、政府部门协同、第三方实施的财政绩效评价组织模式；三是从相关主体权责中提炼评价内容及指标，形成财政收入—支出一体的结构化评价技术体系。在此基础上，为推动评价实施，利用 N 省、H 省等近年由人大主导开展财政收入—支出绩效第三方评价的实证素材进行深度分析，包括评价结果特征、影响因素识别等，从总体上服务于我国财政收支绩效水平和财政监督效能的提升。最后，从完善人大主导的中国特色财政绩效评价体系角度提出相关建议，包括聚焦评价范围、整合评价内容、优化第三方评价以及推动评价法治化等。

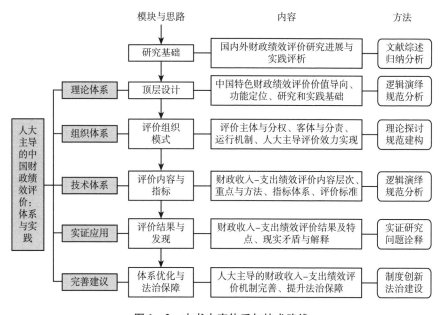

图 1 - 2　本书内容体系与技术路线

三、研究方法

一是规范研究与实证研究相互配合。探讨财政收入—支出绩效评价的概念内涵、理论基础、功能定位与体系结构，论证人大主导的财政绩效评价组织模式，解析其顶层设计、内容方法和组织保障，采用的是规范研究方法；利用有关省市经验进一步分析其他特点、优势与障碍时，属于实证研究。

二是个案分析与比较研究相互补充。深入挖掘广东省财政支出绩效评价的个案信息，包括其阶段演进和前因后果，作为分析问题的切入点。同时利用研究者工作便利，将国内若干省市相关经验进行比较，推动研究深化。

三是资料收集与数据分析方法。为获得现有相关文献的系统描述，引入文献计量作为资料收集与分析技术。针对财政收入—支出绩效评价指标体系构建及其实证检验，应用专家咨询、问卷调查、信度与效度分析、主成分分析、多元回归分析等多种数理方法，获得具有统计价值的结论。

上篇

评价体系

第二章 人大主导的财政收入—支出绩效评价组织体系

人大主导的财政收入—支出绩效评价蕴含价值和工具双重理性，但在操作上，组织体系与技术体系优化是驱动其落地生根的关键。相比之下，技术体系又由组织体系所决定，组织体系的背后触及财政管理体制内在的复杂关系。因此，明确定位、探讨和厘清相关主体权责成为推进人大主导的我国财政收入—支出绩效评价的突破口。

第一节 厘清权责关系是财政收入—支出绩效评价的基础条件

一、财政收支绩效评价的本质是财政权责关系再调整

财政绩效评价组织体系是其存在和运转的核心要件（决定了其他如技术、制度体系的构成方式及实施效能），主要内容包括评价主体、评价对象与其他利益相关者关系以及评价程序等，其实质为拥有财政管理权的各类主体权责结构。[①] 这对绩效评价各环节工作（包括被评资金选定、评价内容与指标设计、第三方选聘及其独立工作等）的有效开展造成深刻影响。从全面实施绩效管理的内涵看，区别于现有财政支出绩效评价，其重点在"全面"二字。一是财政资金要"全口径"纳入绩效评价，包括《预算法》规定的"四本预算"而不仅仅是一般公共预算，对某一部门来讲，囊括其主管的全部而非部分资金；二是财政评价要"全过程"落实绩效标准，从目标设置、资金分配到实

---

① 包国宪，曹西安. 地方政府绩效评价中的"三权"问题探析［J］. 中州学刊，2006（6）：44-45.

施监管、结果问责等环节都有绩效规则；① 三是不仅针对财政支出，更需关注财政收入的绩效评价，以逐步建立一种财政收支联动、量入为出和结构优化的科学机制。但在现实情况下，每一项内容的落实都不容易。

二、财政收支绩效评价涉及的基本权力与主体关系

理论上，评价权、组织权和实施权构成财政绩效评价的三种权力。其中评价权规定了绩效评价的目标与路径，具有唯一性；组织权由评价权衍生，关系到评价行动的具体落实；在此基础上可进一步委托不同实施者完成，形成多元主体参与的治理结构。② 那么，评价权、组织权、实施权和外部参与者之间即形成全面实施绩效评价的基本权力关系。

在明确基本权力关系的基础上，关联主体定位决定财政绩效评价的组织运行模式及评价的公信力。我国财政绩效评价涉及多个层次不同主体，以地方财政为例，主要包括省、地级市、县三级人大、财政部门和资金主管部门、资金监督部门以及资金使用单位。

一是评价主体，即"谁来评价"。评价主体拥有评价权和动员组织资源的条件与能力，包括内部主体和外部主体。目前我国财政支出绩效评价主要为内部评价，主体为上级政府或上级部门。外部主体分两种情况：一是政府系统之外的政权机关，如人大及其常委会，二是政权之外的主体，如独立第三方机构，包括高校学术团队、民间专业机构等。

二是组织主体与实施主体。组织主体即评价的组织者，目前我国财政支出绩效评价具有内部考评特征，组织者一般为财政部门，也可能是资金主管部门，甚至使用单位。通常情况下，组织主体由评价主体所决定，实施主体由组织者所委托，也可能由组织者自身完成评价实施。

三是评价对象，即"评价谁"。财政支出绩效评价针对资金管理、使用和监督的责任主体，分别构成资金管理绩效、使用绩效与监督绩效，资金只是评价的载体。由此，资金主管部门、财政部门与用款单位均为被评价的对象，但不应包括作为政府服务对象的各种财政补贴的受益者。

四是评议主体。评议主体拥有名义上的评价（评议）权，但并非直接评价主体，包括社会公众、专家学者、特殊人士（如"两代表一委员"）、企业

---

① 王罡. 准确把握全面实施绩效管理的思想内涵［N］. 中国财经报，2017 - 10 - 31，007 版.
② 郑方辉，廖逸儿，卢扬帆. 财政绩效评价：理念、体系与实践［J］. 中国社会科学，2017（4）：84 - 108.

及民间组织代表等。财政收支的产出效果一般具有直观性，普通公众及企业、民间组织代表或有能力评价，但收支过程通常具有专业性，专家学者的评议更趋于理性。当然，很多情况下，评议主体往往是利益关联群体。

需要指出的是，关联主体具有权责对等性，它们在财政绩效评价过程中的角色也非固定不变，比如财政部门，在其组织发起的评价活动中作为评价（组织）主体，在人大或民间主导的评价中则可能成为被评对象。当然，严格来讲，在多数情况下内部评价属于财政管理的政绩考评，与民主价值导向的绩效评价存在一定差异。

三、组织权居于财政收支绩效评价体系的核心地位

尽管财政绩效评价内含四种权责，但组织权可视为其"实际权力"。组织权由评价权所派生，它是被授权的主体得以规划、统筹、协调各类绩效评价事务的权力。组织权衔接评价权，决定实施权，构成权力结构的核心部件。应该说，组织权是推进财政绩效评价最直接、最有效的行政权，它在很大程度上决定了绩效评价的具体方式和实施路径，甚至决定其运作结果。在全面实施绩效评价背景下，要推动评价范畴向"全口径"和"全过程"扩展，需要借助强大的信息资源、专业人力和物质条件。传统实践中，依托完整的行政架构，由掌握评价权的机构委托某一专属职能部门具体承担评价组织工作（其他相关部门协同）已成为主流。那么，组织部门的组织意愿、目标导向、思路方式及其与相关部门行动的协调性等，就构成影响绩效评价效能的关键因素。

第二节　政府在财政收入—支出绩效评价中的权责定位

尽管财政绩效评价的每类主体责任有别，不同责任却常集于同类主体身上，形成交错的矩阵结构。故厘清主体权责尤其是同一主体承担的多重角色，是推动财政绩效评价有效实施的前提。从财政体制的分权结构来看，政府或是角色重合最多的主体。

一、政府作为财政管理与绩效评价主体的权力

代议制政体决定，政府是公共财政资源配置的主导者，这一定位使其拥有

明确的专属权力和组织条件，成为财政资金具体分配和监管规则的制定者。但政府内部蕴含"条块"分割，我国《预算法》规定几乎所有的财政资金（在人大批准后）都由财政部门拨付和监管，并由特定主管部门落实使用和对结果负责。这就奠定了财政部门和资金主管部门作为财政管理重要主体的基本格局，但两者权力形态典型有别。以专项资金管理为例，各级各类资金管理办法一致规定：专项资金由财政部门联合主管部门共同管理，其中财政部门负责会同主管部门下达项目计划、按规定拨付专项资金、对资金使用情况进行监督管理和开展绩效评价等；资金主管部门按分工具体负责组织项目申报与竞争性评审、下达项目计划、检查项目实施、组织项目验收，并配合财政部门对资金使用情况进行监督管理和开展绩效评价。在资金管理层面，主管部门是具体实施和负责的"主体"（责任者），财政部门更多为"统筹""督促"角色。反过来在绩效评价层面，财政部门即应成为主要的组织和推动者（地位相对超然），主管部门被监督（评价）的成分更重，其在评价组织上只能作为"协同"者。这一分权符合"谁主办谁负责、谁决策谁监管"的科学管理原理以及财政绩效评价"工具逻辑"。

二、政府作为财政管理与绩效评价客体的责任

权力和责任是"一枚硬币的两面"。政府拥有财政资金管理的主导权也意味着需承担被监督的责任（见图2-1）。在这个方面，财政部门和主管部门虽责任不同，但定位一致。主管部门作为"管理者"，应对财政资金分配决策、整体绩效目标设置以及资金管理办法制定的科学性、公平性与可行性负责，服务于资金效益发挥和公共财政的公信力目的，构成所谓"资金管理绩效"。财政部门作为"监督者"（有其他监督部门如审计、监察等，但财政部门为最直接和最主要），需对各类资金落实和监管的有效性负责，服务于资金安全合规与公共财政的执行力目的，构成"资金监督绩效"。进一步说，同为财政绩效评价的"被评对象"：财政部门应推进绩效评价工作开展，主动提供资金分配和监管信息，帮助外部评价者建立与资金主管部门及用款单位的工作联系，完成资金监督绩效自评报告等；主管部门应按要求布置和督促本系统各级部门及资助对象开展绩效自评，汇总、核准与递交绩效信息，完成资金管理绩效自评报告，并协助评价机构对资金项目开展现场核查。

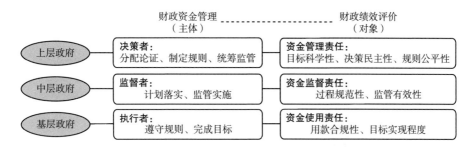

图 2 - 1 政府在财政绩效评价中的权责定位

资料来源：笔者自制。

三、政府作为财政资金资助对象及使用单位的要求

以系统层次论，财政资金管理涉及主体分为不同层级。如在地方财政范畴，省级政府居于决策层，市县级政府居于执行和监督层，但资金管理要求和使用效益一般都通过资助对象体现。为强化政府作为财政资金资助对象的责任，一个合理的办法即严格落实层级划分。简言之，区别于上级政府需对资金决策、规则制定和整体绩效负责，基层政府更应承担科学论证与申报项目、按规定管理和使用资金、按要求落实与接受监督、按计划完成项目及实现既定目标等责任。基层用款单位应对财政资金使用的合规性及预定目标完成负责，服务于公共财政的真实规范及结果有效目的，构成"资金使用绩效"。在绩效评价过程中，则需严格按照要求完成自评报告，如实提供相关佐证材料，接受评价机构的现场核查。

第三节　人大在财政收入—支出绩效评价中的地位和作用

十余年来，我国财政绩效评价发展迅速，但评价的顶层设计与功能缺乏统一部署，技术标准不完善，审计化特征明显。从组织角度看，这些问题解决有赖于进一步明确管理主体尤其是牵头部门，确立一个兼具权威性和公信力的机构来主导评价。而基于我国体制特性，人大作为评价主体不仅有法律保障，且有组织效力，确立人大在财政收入—支出绩效评价中的主导作用既有必要性，又有可行性。

一、人大参与财政收支绩效评价的法理和现实依据

在法理上，一方面，人大拥有审议和监督政府财政管理的法定权力。《组织法》规定地方各级人大拥有"审查和批准本行政区域内预算及其执行情况报告"的权力，县以上各级人大常委会有权监督本级"一府两院"的各方面工作，并提供批评、意见和建议。另一方面，《预算法》修正案为人大开展预算绩效监督提供了法律支持。《预算法》规定人大可对同级政府"执行年度预算、改进预算管理、提高预算绩效、加强预算监督等提出意见和建议"；"县以上各级人大常委会与乡镇人大对本级决算草案"应"重点审查"，对"支出政策实施情况和重点支出、重大投资项目资金的使用及绩效情况实施监督"；同时"财政预算安排应与资金绩效评价相联系""编制预算要参考上一年度绩效评价结果"。这是国家基本法律对完善绩效预算制度的确认，也是对推进人大参与财政绩效评价工作的再次明确。应该说，人大参与甚至牵头组织对财政资金的绩效评价是其主动行使监督权的体现，是"人大制度、行政制度的重要创新，也开辟了我国绩效管理的一条新路"。

在实践上，前沿探索表明，凸显人大地位对全面实施绩效管理的积极作用明显。一是党的十八大以来，财政部的系列文件如《预算绩效管理工作规划（2012～2015年）》《中共中央办公厅关于人大预算审查监督重点向支出预算和政策拓展的指导意见》等充分阐明人大参与财政绩效管理的意义，要求财政部门将评价结果报同级人大审阅。二是部分省（区、市）自2012年起尝试建立由人大常委会督导和支持财政部门对重点公共项目、财政专项资金等开展绩效监督的机制，如浙江省舟山市采用以财政部门为主，中介机构、人大、政协共同参与的方式实施财政项目绩效评价，云南省提出财政支出绩效评价结果应用的"三结合"，人大可随时了解和监督绩效问责情况。三是广东省人大常委会在2014年启动对财政重要专项资金的绩效监督试点，每年选择两项关乎国民经济重大发展或群众切身利益、社会关注度高的省级财政专项资金，由人大直接委托第三方进行绩效评价，并将财政和资金主管部门、用款单位纳入被评。此举开全国先河，产生了广泛影响，相关经验通过2016年9月印发的《广东省人大常委会开展预算资金支出绩效第三方评价实施办法》进一步总结规范，可为其他地区提供参考。

二、财政收支绩效评价由人大主导的优势和必然性

第一，人大强化预算监督权的趋势与预算全面实施绩效管理要求内在一致。应社会要求，提升人大监管效能日益成为其自觉追求。但聚焦财政层面，关键又在于监督视域要从预决算管理的结果（报告）环节不断向前延伸，力争全部资金（从收入源头起）纳入预算监督。人大提前介入预算收支决策、开展甚至主导绩效评价、督促落实绩效问责即是其创新监管手段的直接表现。它契合了全面实施绩效管理对预算收支"全口径""全过程"衡量绩效的核心要求；某种角度讲，人大正好具备这样的职权和能力。

第二，人大拥有超然的体制权威，能较好地解决评价主体角色冲突与组织效力矛盾。人大独立于政府系统，基本脱离了财政资金管理的"运动员"身份。人大可进一步协调政府部门和体制外主体参与评价。由人大主导的财政收支绩效评价具有决策权统一、组织权有制、实施权相对独立等特点，既能有效规范各方主体权责，又能充分调动资源，推动评价顶层设计和技术标准完善。

第三，人大联系广泛的专业和民主力量，有助于提升财政绩效评价科学性及公信力。人大常委会内设财政经济委员会（以下简称"财经委"）、预算工作委员会（以下简称"预算工委"）等专门委员会，联系包括专家学者、实务部门和一线从业者在内的各界专业人士，共同对财政绩效评价体系设计及组织实施的科学性进行把关，且其本为民意代表机关，拥有坚实的民主基础，由其发布评价报告将获得社会的广泛认同。

第四，人大借助其立法和相关职权，可以推动财政绩效信息公开和法律保障健全。如通过函询、质询政府部门，向社会发布更多有价值的财政管理信息；将其参与财政绩效评价的成熟经验，按程序转化为法律法规，推动评价配套条件的不断成熟。有研究指出：人大主导的财政绩效评价模式，其参与主体更广泛，评价手段更丰富，评价内容也更全面；[1] 并在评价发起、评价过程及结果应用等多个维度，相对以往由政府部门组织而言具有明显优势。[2] 故可成为全面实施预算绩效管理的"必然"与"优化"选择。

---

① 李艳，林秀玉. 国家治理体系创新与治理能力提升的新探索——广东省人大委托第三方评财政绩效的现实思考［J］. 公共管理学报，2016（3）：147－151.

② 颜海娜. 评价主体对财政支出绩效评价的影响——以广东省省级财政专项资金为例［J］. 中国行政管理，2017（2）：118－124.

第四节　外部参与对财政收入—支出绩效
评价的意义及功能

财政绩效评价实施主体的外部化作为一种共性趋势，如前所述，它主要源自三个方面动因（推力和拉力）：一是绩效评价专业性增强使体制内机构无法独立承担；二是内部管理者角色冲突难以保证评价结果公信力；三是人民群众对财政监督民主化的需求。从经验看，外部主体参与财政绩效评价已形成较为固定的形式：一是专业型民间组织、科研机构等第三方通过政府购买服务获得进入评价体系的授权，二是内含于评价技术方案的社会满意度调查广泛吸收利益相关甚至无关者意见以提升结果公正性。可见，财政绩效评价外部参与具有组织性和多元性的复合特征。

一、外部参与彰显财政绩效评价的价值理性和工具理性

这主要是相对于组织化的第三方参与而言。财政绩效评价的价值理性就在其关注公共财政"应该干什么"而非"正在干什么"，凸显对体制外诉求（即预算民主和公信力）的回应。通过授权第三方实施，财政绩效评价得以拓宽评价主体范围（引入与政府无关的"裁判员"），实现评价标准向外转化，并且扩展评价结果的信息来源，实现全面客观。另外，实践语境下的财政绩效评价也常作为一种技术工具，表现在其以财政自上而下的目标管理为主线，以执行"考绩"为内容，着重凸显决策辅助、监督约束和驱动工作三大功能，造成一种工具理性。即便如此，通过吸收专业外部主体参与管理：一是反馈了更为丰富的绩效信息，从中获得更有价值的决策参考；二是形成舆论和社会压力，倒逼政府强化问责与改进财政绩效。

二、社会满意构成财政绩效评价的核心内容和科学手段

目前较为公认的财政绩效评价内容包括资金投入、过程管理、目标实现和社会满意四个基本维度，其中社会满意对应公共财政的利益相关或无关群体，一般通过民意调查方式取得，作为整体评价结果一部分。但这四个维度并非简单平行，社会满意蕴含了财政绩效评价的价值导向和终极标准。一方面，公共

财政系人民群众授权代议制政府管理，人民满意指向政府和公民的本质关系。另一方面，从财政绩效评价追求的经济性、效率性、有效性与公平性目标看，有效性和公平性与公共财政之"公共性"相对，作为区别一般市场行为的"本源价值"，而有效性、公平性（往往难以量化）即主要通过社会满意来表达。与此同时，公共财政绩效目标多元，有的目标之间甚至互相矛盾（如经济与环保），许多时候都无法找到直接适用的客观评价指标（或无法取得相应数据）。那么，采用满意度主观指标，借助尽可能广泛评议者（包括资金管理、监督部门和资助对象、其他关联群体或一般公众等）的内在理性相互整合，并与客观评价结果形成互补互证，即实现一种"不可量化内容变得相对可量化"的"方法正义"。①

三、财政收支绩效评价对外部参与的要求及现实局限

财政绩效评价的一种理想模式即由体制外主体独立发起、组织和实施。在该模式下，外部主体完全按其所关注的问题和倡导的理念，采用科学的技术方法，自主决策并开展评价。不仅如此，绩效评价主体本身构成以及参与评议的范围也是自由的。这就摆脱了评价权、组织权对实施权的干扰，或说实现了三者统一。逻辑上讲，在人大主导模式下，财政绩效评价应评价什么（内容）、评价多少（范围）、用什么标准（技术）、谁来评价（主体）等，应由社会来决定，以形成一种客观的标准。显然，外部主体独立实施评价的模式也符合全面绩效管理内在要求，"它为财政的理想职能、政府竞争的方向、政府变革等抽象议题增添了具体的民间标准，代表了社会力量对好政府的期待"。②

然而反观现实，这种模式对财政绩效评价的内外环境要求极高。从主观方面看：一是作为评价主体应有较强的专业性和组织性，包括其团队构成的层次性与代表性，以及能调动评价所需资源（获取信息）并使被评对象配合；二是评价主体自身需恪守独立性，抵抗体制压力并保持生存，建立行为规范；三是坚持良性竞争，逐步培育形成完善市场。从客观方面看：一是财政信息公开有限，尤其绩效评价所需关键数据不可得或不完整；二是被评对象接受及配合度低，背后为行政系统对体制外监督的天然抵抗；三是缺乏持

---

① 陈磊，林婧庭. 法治政府绩效评价：主客观指标的互补互证 [J]. 中国行政管理，2016（6）：16-21.

② 社论. 民间评估政府绩效 社会襄助政府变革 [N]. 南方都市报，2008-10-21.

续充分的资源保障，在权力干扰与法律不明确的双重困境下，外部主体重复评价的成本难以负担。毫无疑问，这些障碍对于体制外主体独立实施财政绩效评价而言尚难克服，故借助体制内权威组织授权或委托仍是一种行之有效的方案。

第五节　构建人大主导的财政收入—支出绩效评价组织模式

出于主动或被动原因，财政绩效评价不同权属的主体可能在特定评价行动中占据主导地位，借此形成不同实践模式（见表 2-1）。简单地说，一是财政部门主导的传统模式，二是主管部门自行开展并主导的模式，三是人大作权力机关主导的创新模式，四是独立第三方主导模式。显然，这些组织模式各有特点，亦面临不同约束。

表 2-1　财政绩效管理不同组织模式特点

组织模式	权责分属				特点及约束
	评价权	组织权	实施权	被评对象	
财政部门主导	上级政府	财政部门（主管部门协同）	财政部门（内设机构）或第三方	主管部门、用款单位	组织效力较强，关注合规性与资金使用绩效，但专业性和公信力不足
资金主管部门主导	上级或本级主管部门	本级主管部门（内设机构）	本级主管部门（内设机构）或第三方	下级主管部门、用款单位	系统内自我管理，对上负责，强化执行力与合规性，但公信力不足
人大主导	人大常委会	人大财经委（预算工委），财政及主管部门协同	第三方	财政部门、主管部门、用款单位	合乎体制，兼具组织效力和公信力，同时关注资金管理、监督和使用绩效，可行度高
独立第三方	独立第三方	独立第三方	独立第三方	政府部门、用款单位	专业性及公信力强，但对主客体和环境要求高，目前难以操作

资料来源：笔者自制。

基于前述讨论，从我国现实国情出发，一种由人大主导、政府相关部门协同、第三方实施的财政绩效评价模式（见图 2-2）可谓具有明显的优势和可行性，理应成为全面实施预算绩效管理在组织层面的顶层设计。其中涉及的各类主体和具体运作如下。

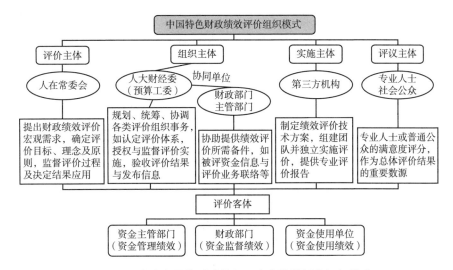

图 2 - 2　人大主导的财政收入—支出绩效评价组织模式

资料来源：笔者自制。

一是人大常委会掌握财政绩效评价的决策和主导权。因为评价主体的层级决定了评价行动的效率和生命。人大作为独立于政府的权力机关开展财政绩效监督，从根本上体现"一切权力属于人民"的宪法原则，亦是提升其监督效能的现实举措。代表人大履行职权的常委会机关作为主体掌握财政绩效评价决策权，包括提出绩效评价诉求、明确其价值导向、确立宏观原则、规范评价过程与决定结果应用等，是保证整个绩效评价行动权威性和公信力的"灵魂"。在此过程中，要求人大常委会应高度重视、总揽全局，不断创新与尝试，赋予考评结果更高的约束力。

二是人大财经委（预算工委）掌握组织权，政府相关职能部门提供协助。评价主体确定后，一般由其根据分工，授权内部的某一职能机构承担财政绩效评价实际组织工作（行使组织权）。人大常委会内设的财政经济委员会（预算工作委员会），[①]专司重大财经政策审议、预决算及其调整方案审查、预算执行（效果）监督等职权，由其分管财政绩效评价顺理成章。具体地，财政绩效评价组织主体应负责规划、统筹、协调各类评价事务，制定或认可绩效评价

---

① 　财政经济委员会和预算工作委员会在人大常委会中实为两个部门。前者作为常设"专委"，按分工拥有提案及审议议案的权力；后者仅为"工作机构"，协助常委会开展相关工作或受委托提出意见建议。在实际运作中，部分省市人大并未设立预算工委，或为财经工委。如都有设立，预算工委的主任委员一般由财经专委的副主任委员兼任，协助财经委履行预决算审查监督的职责，可见两个部门的权责地位既有区别，又相联系。从财政绩效评价的组织权行使来考虑，理想模式当然是两者相互配合，协同进行；如广东经验即两委各负责统筹一部分资金的绩效监督，或分别协调某些监督环节。

体系，授权与监督评价实施，验收评价结果和信息披露，等等。但迫于财政信息及预算管理的专享性，即便是人大也必须依赖政府系统才能完成获取。为解决信息不对称和组织协调问题，财政绩效评价仍不能缺失政府相关部门（主要是财政与资金主管部门）的协同帮助，即提供绩效评价所需条件，包括被评资金信息及协助评价联络等。这就要求人大应进一步挖掘财经政策和预算执行情况，以便在绩效评价范围选择与评价过程监控等方面拥有更强的运转能力，同时人大与政府部门需建立更加有效的业务联系及信息反馈机制。

三是专业第三方机构独立行使评价实施权。人大作为评价和组织主体仍不能满足财政绩效评价对专业知识和人力资源的庞大需求，委托更加专业的第三方机构实施成为必然。财政绩效评价实施权的内容包括制定实施方案，组建专业团队，独立完成评价过程，撰写评价报告等。目前有能力承接这些业务的第三方主体大致有高校（科研机构）、专业型民间组织、企业如会计（审计）师事务所等类别，前者在绩效评价理论方法和体系设计上具有优势，中者民间立场和独立性更强，后者尤擅长于评价执行及合规性审查。由此，一是要求组织方严格设置选聘和委托机制，根据不同机构的特点和绩效评价要求进行公正、合理、灵活选择；二是要求受选机构充分汇聚资源，发挥专业优势，坚持独立操守及规范行为，出具真正具有参考价值的咨询成果。

四是财政资金利益相关者及专业人士、社会公众广泛参与评议。在技术层面，财政绩效评价要求尽可能以多种渠道获取数源；特别是对主观评价，能否提高满意度调查的样本代表性是考验实施主体能力与评价结果科学性的关键。通常情况下，财政绩效评价的利益关联方有评价主体与被评对象、资金主管和监督部门、用款单位及其周围群体等。但衡量一项政策好坏不能仅凭受益者看法，利益受损者甚至边缘者意见也很重要。这部分群体大致可按专家学者、新闻媒体、"两代表一委员"和普通公众来分类。要求负责评价实施的机构在满意度调查的样本量设计、样本结构控制、调查问卷设计等方面应力臻优化，并加强调查组织及引导受访者理性表达，凸显其社会评议功能。

实践表明，这种由人大主导的财政绩效评价实践模式既已成功运作，也存在尚未解决的问题：一是如何实现财政收入—支出绩效的联动管理未有实质探索；二是财政及主管部门协同组织、用款单位配合被评的积极性不足；三在现行法制下，实施前的准备（如招投标等）时间较长，影响工作进度与完成效率；四是第三方市场不成熟，同时具备综合性与专业性的供应商较少；等等。显然，这些问题解决都有待各方主体共同努力，而当务之急是：一方面要加强重视，充分认识人大主导对于财政收支绩效评价的重要意义，从而加快健全评价内容体系和技术标准，建立组织协同感；另一方面要积极培育和规范第三方市场，探索委托第三方实施流程的优化。[①] 考虑到人大主导业务的宏观性及连续性，可推动人大与政府、第三方合作建立财政绩效评价研究和实践基地，形成稳定智库；特别在实施环节，应尝试建立一种人大统筹、政府部门协同、专业研究机构设计和监控、会计（审计）师事务所等执行的多级架构，以发挥各自专业优势，逐步摆脱财政绩效评价"审计化"的局面。

---

① Alfred Tat-Kei Ho. From Performance Budgeting to Performance Budget Management: Theory and Practice [J]. Public Administration Review, 2018 (4): 1－11.

第三章　人大主导的财政收入一支出绩效评价技术体系

技术体系是财政绩效评价的另一个关键内容，大致包含了评价指标体系、评分标准及规则、评价周期与智能化（电子信息手段）应用等模块。其中指标体系又是核心，包括指标、权重及评分标准。作为技术工具，指标体系服务于评价目的，成为量化评价的基础，以及区别于财务审计等其他监管手段的重要标志，亦在一定程度上决定财政绩效评价的科学性。从狭义上理解，"指标是一种量的数据，它是一套统计数据系统、用来描述社会状况的指数"。①

某种意义上说，人大主导的财政绩效评价技术体系功能在于建立技术标准，指标体系的工具属性要求遵循共同的技术准则。指标体系构建服务于预设目标，既要兼顾指标结构层级、信度效度等科学要求，又要满足环境条件和操作上的可行性。换言之，指标应"有效度和信度、有意义及容易理解、全面和综合、有时限及可操作"。② 建立评价的通用模型涉及两个重要问题：第一，指标体系是一个开放体系，与外部环境息息相关，因为指标数据源自政府系统众多部门、外部部门、社会组织及公众等，应该说。指标体系构建也是一个政治博弈的过程，关联主体的利益取向往往反映到指标体系中；第二，评价体系统一性和差异性之间的矛盾，不论是服务于组织管理还是满足社会需求，对一组对象的评价客观上要求指标体系的统一性，但同时，被评对象一定存在自身的特点，也正因为如此，"政府（财政）绩效评价指标体系被视为世界难题"。③

①　Raymond A. Bauer, et al. Social Indicators [M]. Cambridge：MIT Press, 1967：18.

②　[美] 西奥多·H. 波伊斯特. 公共非营利组织绩效考评 [M]. 肖鸣政等译. 北京：中国人民大学出版社，2005：100.

③　卓越. 政府绩效评估指标设计的类型和方法 [J]. 中国行政管理，2007（2）：25 – 28.

第一节 财政收支绩效评价的结构维度

一、结构分析方法论

财政收支绩效评价作为政府绩效评价的一个部分新兴不久，但财务评价有着久远的历史。传统的财政收支绩效评价理论方法针对特定项目，假定收支整体与其所涵盖的项目具有一致的目标、相同的责任主体及统一的技术体系，并未涉及整体的内部结构的复杂性，包括政府层级结构和绩效的层次结构。结构主义方法论为此提供了另样的视角及基础框架。作为方法论，结构主义将关系思维方式引入社会科学，以"结构"为单元，认为世界上任何事物本质均为一种结构，由"结构形式"所组成，具有整体性、转换性和自调性三重特性。① 同时，结构主义最鲜明的特征是提倡"整体论"和"关系论"，② 即从分割思维走向整体思维、从实体思维走向关系思维。财政收支绩效评价体系中，收支结构、绩效结构维度与评价结构模型构成一个整体，形成复杂的结构关系。结构主义的"整体论"和"关系论"为科学把握和透视这一复杂的结构关系提供了价值工具。

首先，"结构整体论"旨在纠正过分关注局部而忽视整体的"原子论"思维偏向。③ 财政收支绩效评价体系中，结构维度分解并非分割评价体系，而是进一步强化评价的整体功能。究其原因：其一，从收支层级结构来看，追求整体绩效最大化。一般而言，项目是收支的微观单位，也是绩效评价的基层单元。对层级政府来说，政府财政收支包括本级财政的项目性收支和下级政府财政收支之和，整体性要求结构化收支绩效应服务于总体绩效最大化；其二，从绩效层次结构来看，收支绩效评价的宏观层面指向收支决策（包括绩效目标、管理规则等），中观层面关注责任部门的监督与管理，微观层面重点指向资金使用机构等。三个梯度层面置于统一的评价体系中，并非各自独立的评价；其三，从绩效功能结构来看，财政收支的流动过程即是决策、监督、管理和使用

---

① 陈远，于首奎，梅良模，等.世界百科名著大辞典：自然和技术科学 [Z]. 济南：山东教育出版社，1992：451.

② ［英］帕特里克·贝尔特.二十世纪的社会理论 [M]. 瞿铁鹏译.上海：上海译文出版社，2002：33.

③ 唐晓琳.阿尔都塞解读马克思的结构主义方法论探究 [D]. 长春：吉林大学博士学位论文，2016.

的过程，涉及流动路径及重要节点的责任主体，对应不同的履职部门或机构。整体论表明，不同功能的绩效元素构成"整体绩效"，脱离整体的功能结构绩效将丧失评价意义。

其次，结构关系论认为，一切事物都是由一连串彼此相关的事物组成的封闭的结构体系，这种结构体系决定着一切社会现象的性质和变化。[①] 结构关系意味着不同结构之间相互依赖，相互制约。其一，自上而下的国家财政收支呈现垂直分配及管理的关系，自中央财政、地方省、地市、县、镇级财政支出表现为总体与局部的结构关系，但并非简单的加和关系，每一级财政收支均存在项目性；其二，绩效生成于责任主体的主动作为，是针对评价周期内的产出变化及其产生的影响。绩效类型与评价层次存在对应关系，绩效内容结构与被评对象的层级结构之间存在密切关联。

最后，对于整体论与关系论之间的组合，整体相对于部分而言，整体的性质既恒定又统一，它的具体性是因所涵盖"部分"之间的密切关系而存在，以此显示出此整体与彼整体之间的差别。财政收支绩效评价结构化维度所构成的整体，唯有透析各构成部分之间的关系，才能把握事物的真相及其发展规律，"才能解释作为整体或系统的结构"。[②] 事实上，近年各地已公开的各种财政支出绩效评价实践大都针对"项目"，从局部或静态来看评价结果优良，但整体上审视，实际表象与社会期待存在较大落差。这种现象与结构主义的关系论和整体论相背离，同时透支了财政收支绩效评价的"信用"，也从侧面佐证结构化的收支评价技术体系构建十分必要且迫在眉睫。

二、结构维度的基本组成

公共政策目标、政府的活动范围和行为过程受制于财政预算的约束，财政绩效管理源于"绩效之基"。[③] 财政绩效评价作为一个多维立体矩阵，绩效评价的重要功能在于驱动财政收支结构优化调整。财政收支绩效评价技术体系既要反映财政收支的结构特征，又要体现绩效评价的结构维度。所谓结构维度，是指影响评价信息相互联系的结构细分指向及其标准。

---

① ［法］弗朗索瓦·多斯. 从结构到解构——法国20世纪思想主潮（下卷）［M］. 季广茂译. 北京：中央编译出版社，2004：7.

② ［英］雷克斯·吉布森. 结构主义与教育［M］. 石伟平等译. 台北：五南图书出版公司，1995：14.

③ Kearney N. Corporate Codes of Conduct: The Privatized Application of Labour Standards ［M］. Basingstroke: Palgrave Macmillan, 1999: 205 – 234.

格洛丽亚·A. 格里兹（Gloria A. Grizzle，1995）基于评价维度的差异性提出综合性绩效测量体系，为评价的结构维度划分归类提供了经验。从财政收支主体来看，评价涉及中央财政和地方各级财政；从责任主体来看，可归类为决策绩效、管理绩效、监督绩效和使用绩效；从绩效形态来看，包括宏观、中观、微观三个梯度层面；从资金流转来看，财政收支的路径和节点包含投入、过程、产出和影响；从绩效度量标准来看，经济性、效率性、效果性和公平性被视为最好的分析范式。同时，上述评价结构维度划分具有相对性与关联性。针对评价指标体系构建，一般而言，评价功能与主体可视为指标体系的环境因素或外在因素，绩效类型与标准、收支路径和节点可视为指标体系内置因素。不同维度的组合形成收支绩效评价的不同模式。

以结构主义为视角，强调财政收支绩效评价的整体论与关系论，目的在于促成结构绩效的放大效应，以追求整体绩效最优。因为说到底，结构性目标应服务于整体目标。从评价功能来看，财政收支绩效评价以效率性、效益性、经济性与公平性为维度，基于指标化、标准化与可比性、开放性，绩效评价的结构量表、水平指数和开放体系所呈现的绩效表现，将形成绩效改进的外部压力和内部动力。结构体系构建服务于评价目的，进一步铸就评价的叠加功能。具体而言：一是更加凸显公共价值。财政绩效评价追求公共财政的公信力，或者说有公信力的执行力，强化整体绩效并非对"项目"绩效的否定，而是将"局部"价值导入更加"公共"的轨道；二是更加强化政策及决策绩效的核心地位，政策及其决策绩效是最大的绩效，评价更加关注政府公共财政"应该做什么"，并非"正在做什么"；三是结构体系分析方法为构建多层级、多层次的财政收支绩效评价的通用模型提供了视角和路径。

第二节　国内财政支出绩效评价指标体系优化

从技术经验看，西方国家财政监督大致历经基于古典经济学理论的财务评价（经济性和效率性指标为主），基于福利经济学和凯恩斯主义的社会费用—效益分析的绩效审计（强调财政投入、过程和产出指标及其联动性）和以绩效为导向、综合评价法为手段的绩效评价三个阶段。我国财政绩效评价起步于20世纪初，阶段性特点并不明显。借鉴西方国家的经验，以及财务审计的做法，我国财政支出绩效评价一开始即采用了指标测量的方法，并持续进行优化，旨在建立共性与个性、定量与定性、业务与财务指标相结合的评价指标体系，形成涵盖各类支出的指标模型。

　　广东省率先探索，2004 年出台的省级财政支出绩效评价指标，分为定性和定量指标，其中：定量指标再分为基本指标和个性指标，同时可根据项目类别，结合实际情况选用评价的终端指标。但随着实践的不断深入，原有的指标体系存在着层级结构不明确、针对性不强、未能涉及财政支出的外部性及社会满意度等问题。为此，2010 年，借助专业机构力量，利用专家咨询调查，作为层次分析法特例，广东省财政厅对 2004 版的指标体系进行再优化，进一步统一指标结构和维度，更加强调产出效果及公平性，凸显满意度导向，厘清指标评分方法及标准。① 但修订后的指标体系仅适用于财政资金使用者，评价指向使用绩效，不涉及其关联的客体，以及资金立项决策、管理办法等内容。

　　2014 年，广东省率先在全国开展由省人大作为评价主体，整体委托独立第三方实施的财政资金绩效评价。这一评价最大特点是"将财政部门作为被评对象"。② 指标体系囊括资金使用、管理和监督绩效，覆盖了财政支出绩效管理的宏观、中观和微观层面。尤其是提出财政资金监管绩效的概念，并构建相应指标体系。在这一时期，财政部于 2011 年及 2013 年发布并修订的财政支出绩效评价共性指标（见表 3 - 1），包括投入、过程、效果 3 项一级指标及预算安排、预算执行、经济效益、生态效益、社会公众满意度 5 项二级指标。学界亦提出要科学划分预算支出绩效评价层次，区分财政支出的宏观效益与微观效益等观点。③

表 3 - 1　　　　　　　　财政部门出台的财政支出绩效评价指标体系

一级指标		二级指标		三级指标	
名称	权重（％）	名称	权重（％）	名称	权重（％）
前期工作	20	前期研究	7	1. 论证决策	7
		目标设置	6	2. 目标完整性	3
				3. 目标科学性	3
		保障机制	7	4. 组织机构	3
				5. 制度措施	4

　　① 郑方辉，李文彬，卢扬帆. 财政专项资金绩效评价：体系与报告 [M]. 北京：新华出版社，2012：46 - 62.

　　② 李艳，林秀玉. 国家治理体系创新与治理能力提升的新探索——广东省人大委托第三方评财政绩效的现实思考 [J]. 公共管理学报，2016（3）：147 - 151.

　　③ 李玲. 我国教育经费支出效益的实证分析 [J]. 河北经贸大学学报，2001（2）：8 - 15.

续表

一级指标		二级指标		三级指标	
名称	权重（%）	名称	权重（%）	名称	权重（%）
实施过程	30	资金管理	17	6. 资金到位	5
				7. 资金支付	4
				8. 财务合规性	8
		项目管理	13	9. 实施程序	8
				10. 项目监管	5
项目绩效	50	经济性	5	11. 预算（成本）控制	5
		效率性	10	12. 完成进度及质量	10
		效果性	30	13. 社会经济效益	25
				14. 可持续发展	5
		公平性	5	15. 公共属性	5

资料来源：根据《财政支出绩效评价管理暂行办法》整理绘制。

十余年来，我国财政支出绩效评价的指标体系得以优化，指标内容不断丰富，结构化以及规范化程度不断提高，评分标准更加细化，数据来源更趋多元，主客观指标配比渐趋合理，满意度占比有所提高。具体而言：一是统一性与差异性相结合，原则性和灵活性相结合。围绕财政部文件要求，指标体系多为三级结构，一级、二级指标为共性指标，三级及四级指标为个性指标。同时，以量化指标为主，定性指标辅助；二是评价内容较为全面，从支出的全过程，即投入（事前）、过程（事中）、结果（事后）分立指标，包含业务评价和财务评价指标，涵盖了经济性、效率性、效果性与公平性；三是指标评分标准贴近财政支出管理的各环节，容易取得数据，实现横纵可比。但同时，现有指标体系亦存在明显的问题，包括强化过程控制及合规性，针对存量并非增量。大多数情况下，将财政资金作为评价对象，模糊责任主体，或将责任下移，未能区分监管绩效与使用绩效的差异，导致指标体系缺乏针对性，部分指标内涵空泛，没有实质内容。①

第三节 财政支出绩效评价通用技术模型

作为人大主导财政收入—支出绩效评价的重要一环，财政支出绩效评价指

---

① 卢扬帆. 法治政府绩效评价内容及指标设计［J］. 甘肃政法学院学报，2016（3）：134－146.

标体系的生命力在其适应性及兼容性。从西方经验看，构建具有广泛适应性的通用指标模型为共同做法。所谓通用指标模型，即是在单一评价结构体系的基础上，建立统一指标框架及技术标准，采用"嵌套"的思维构建多层次、综合性指标体系。① 如前所述，国内财政支出绩效评价技术体系已相对成熟，其基本逻辑为：从财政支出管理的共性过程和关联主体出发，通过划分不同主体在不同环节应承担的责任，形成分类别的评价内容，进而转化为规范的评价指标。

一、评价层级

理论上，财政支出若视为一项公共政策，其应至少包含决策、执行和监督三个环节，背后为相关责任者，大致相对于上层、中层和基层政府（部门）。从实际运作来看，《预算法》规定几乎所有的财政资金（在人大批准后）都由财政部门拨付和监管，并由特定主管部门落实使用和对结果负责。这样，资金主管部门（如以地方财政为例即为省级）扮演着财政支出计划编制者、规则制定者、过程监控者和目标完成者等角色，需对支出决策、目标设置以及管理办法制定的科学性、公平性与可行性负责，产生所谓"管理绩效"。财政部门作为"监督者"，需对各类资金落实支付和监管的有效性负责，形成"监督绩效"。而大部分的财政支出最终都落到具体用款单位（基层部门）头上，由其负责按计划执行和完成预定目标，则需对项目论证与申报、资金使用与接受监督的合规性以及目标完成等内容负责，构成"执行绩效"。把这些责任进一步明确细化，转变为具体用于评价的绩效指标，即形成一个覆盖管理绩效（宏观）、监督绩效（中观）、执行绩效（微观）三个层次的相对完整的财政支出绩效评价指标体系，见图3-1。

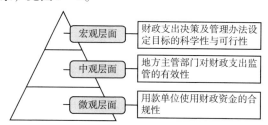

图3-1　财政支出绩效评价内容层次

资料来源：笔者自制。

---

① 邱法宗.关于建立普通高校转换性通用评估指标体系的构想［J］.中国高教研究，2009（4）：35-39.

二、指标体系

以广东省人大主导的财政专项资金绩效第三方评价为例（见表3-2），其宏观评价主要针对财政支出决策的科学性和民主性，以及作为约束性文件的资金管理办法可行性，中观评价针对地方政府及部门，指向监管有效性；微观评价针对财政资金使用单位，指向财务合规性，体现使用绩效。按照上述理念，宏观评价指标设定为支出必要性、目标科学性、管理办法可行性、资金公共属性、总体目标实现程度等，由专业人士评议；中观评价采用监督职责、监督办法、监督措施、资金支付、资金下达、违规问责6项指标；微观评价指标针对财政支出管理全过程，采用资金投入、过程监管、目标实现与社会满意四项一级指标，以及立项论证、目标设置、保障机制、资金管理、项目管理、经济性、效率性、效果性、公平性9项二级指标（分解为15项三级指标）。同时，为体现产出效果，在"社会经济效益"与"可持续发展"三级指标之下再设置若干四级指标。相比之下，管理绩效和监督绩效指向财政支出（决策）整体，宜采用不同的评价方式，如更依赖于专家学者的专业判断。在此基础上，通过专家咨询调查的方法对整个体系构成合理性以及各评价维度（指标）相对重要性进行论证，得到宏观、中观、微观分别应占30%、10%、60%的权重配比以及各项具体指标的权重系数。应该说，这套评价技术体系已相对成熟，代表国内财政支出绩效评价实践的前沿，目前已应用于数省多个年度超过2000亿元省级财政资金评价，获得良好成效。

表3-2　　　　　　财政资金支出绩效评价通用指标体系　　　　　　单位:%

评价维度	评价方式	一级指标	二级指标		三级指标	
资金使用绩效	第三方评价（占总分60%）	前期工作（20）	前期研究	7	论证与申报	7
			目标设置	6	目标完整性	3
					目标科学性	3
			保障机制	7	组织机构	3
					制度措施	4
		实施过程（30）	资金管理	17	资金到位	5
					资金支付	4
					财务合规性	8
			项目管理	13	实施程序	8
					项目监管	5

续表

评价维度	评价方式	一级指标	二级指标		三级指标	
资金使用绩效	第三方评价（占总分60%）	目标实现（50）	经济性	5	预算（成本）控制	5
			效率性	10	完成进度及质量	10
			效果性	30	社会经济效益	25
					可持续发展	5
			公平性	5	社会满意度	5
自评组织质量	第三方评价（占总分10%）	材料完整性（30）、报送及时性（30）、材料有效性（40）				
资金管理绩效	专家评价（占总分30%）	论证决策充分性（15）、目标设置科学性（15）管理办法可行性（20）、专项资金公共属性（15）总体目标实现程度（20）、专家满意度（15）				
资金监督绩效		明确监督职责（20）、制定监督办法（20）采取监督措施（20）、及时下达资金（10）审批资金支付（10）、违规项目问责（20）				

资料来源：笔者自制。

　　这一指标体系遵循结构主义的整体论和关系论思想：首先，宏观绩效与中观、微观绩效之间彼此独立，有效区分了不同责任主体，增强了绩效改进的针对性；其次，由于财政支出追求公共性和福利性目标，部分指标为难以观测及量化的宏观评价指标，可通过专家评审的方式取得结果；再次，指标评分标准指向增量兼顾存量，评价指向社会福利（社会经济效益）为因财政资源投入带来了多少"进步"；最后，以满意度替代"经济"或"短期"效益不明显的财政支出效果，通过受益群体的主观评价实现绩效测量。实证结果表明，这一体系跟以往相比的确内容更加全面、层次更加鲜明、评分方式更加多样，可实现对财政支出的全方位、全过程评价，评价结果自然更专业，易于被广泛接受。

第四节　财政收入绩效评价内容体系框架

一、评价思路

　　类似地，财政收入亦可视为一项公共政策，从决策、执行和监督三个层次及其关联主体责任的角度来进行绩效评价。那么，财政收入绩效评价与财政支出绩效评价内容存在一定的对应关系；只是技术体系对于复杂财政支出项目类型（如一般支出和专项支出、基建/采购/补贴等用途）的涵盖性，就变成需要解决财政收入的不同渠道来源（即税利债费等征管形式）差异的平衡。应该说，财政收入绩效评价的功能如前所述：一是要形成透视税费负担及其结构合理性的客观标准；二是为衡量财政收入来源（即征管有效性）提供量化依据；三是遏制地方政府滥征税费或选择执法的行为。为此，在宏观层面，评价应指向财政收入决策的论证过程及其民主程序，指向收入规模及结构性目标设置的科学性，指向税费征管制度的可行性以及征管行为的公共属性，并且衡量财政收入总体目标的实现程度以及可持续性水平，即可称为财政收入的"管理绩效"，服务于公共财政的公信力和治理合法性目的。在中观层面，评价主要指向对财政收入征管的过程监控，对监管的有效性负责，服务于税费征管的执行力目的，称为"监督绩效"。在微观层面，评价指向税费征管活动是否按既定目标和规则落实执行（出现特殊事项报批），服务于财政收入管理的合规性目的和征管目标完成，称为"执行绩效"。

二、评价指标

不难看出，三个层面与财政支出绩效评价内容基本对应，其中前两个层面旨在提供一种价值判断的客观标准，后一层面旨在保证事实完成的精准有效。这样，借鉴财政支出绩效评价技术架构，充分考虑可操作性，即可构建由管理绩效、监督绩效和执行绩效三个维度（评价方式）组成的财政收入绩效评价指标体系，三者分别包含具体评价指标（见图3-2）。尤其在深入微观事实的

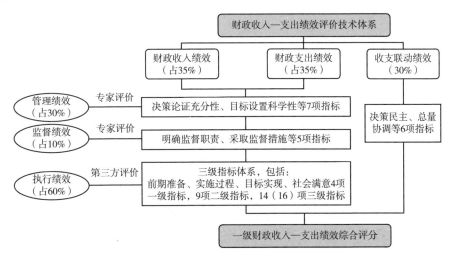

图3-2　财政收入—支出绩效评价技术体系架构

资料来源：笔者自制。

执行绩效评价层面，亦由前期准备、实施过程、目标实现、社会满意 4 项一级指标和 9 项二级指标、16 项三级指标构成。实际上，它与财政支出绩效评价保持了一级、二级指标和大部分三级指标内容一致，只是指标的具体解释及评分标准存在差异。特别地，对于"目标实现"这一最能体现财政收入、支出绩效区别的维度，应作差异化的评价指标设计；比如财政收入，其预定目标实现可能包括税费征管的及时性、达标性，延伸目标实现可为征管服务的便利性以及通过税费政策实现经济调控的效果。

　　保持财政收入、支出绩效评价技术体系总体结构和多数内容相对一致的思路，是压缩评价工作量、降低评价成本与增强可操作性的关键呈现，也是提升财政收支质量监管效能的必然选择。当然，还需指出的是，财政收入来源中的征税在我国具有法定性，绝大部分税收需由全国人大或国务院立法来决定，而行政事业收费则为一般政府行为，地方政府亦可决定。因此，以财政收入"管理绩效"评价来提供决策监督的监督层级，在实际运作中可能受到限制（限于县域中央和省级政府）。但从导向来看，财政收入绩效评价致力于"以数据表明收入预算不再仅仅程序化地依照法律与地方法规进行编制，也需进一步考量政府组织收入来源的结果及其征管活动的科学合理性"①，即增加"绩效"作为编制、审查和执行财政收入预算的一个重要标准。从某种程度上讲，近年我国政府机构改革中有关国地税系统的合并，其中一个出发点即在于规范地方组织财政收入的行为，解决其为了招商引资兑现税收优惠、只能在统一税率框架下通过征管过程的"选择性执法"来实现等问题，本质上亦是为了提高财政收入绩效。

第五节　财政收入—支出联动绩效评价内容设想

　　更为重要的，人大主导的财政绩效评价还需解决收支两者联动管理及其评价结果互为应用的问题。鉴于人大的体制特性与监督权责，由其牵头或统筹来推动这一技术构想兼具适当性与可行性。事实上，如果采用前述管理绩效、监督绩效、执行绩效三个层次的评价技术框架，这项内容便基本可对应于其中的管理（宏观）与监督（中观）两个层次（亦采用专家评价），从而在评价体系中找到较为合理定位（见表 3 - 3）。那么，作为财政收入—支出联动管理的绩

---

　　① 郑方辉，廖逸儿. 论财政收入绩效评价 [J]. 中国行政管理，2017（1）：11 - 18.

效内涵，应是单独从收入、支出一端考虑都无法涵盖的方面，至少需包含六个要点。

表 3－3　　　　　　　　　财政收入—支出绩效评价具体指标体系　　　　单位:%

评价维度	评价方式	评价指标		
		财政收入、支出评价		收支联动评价
管理绩效	专家评价	决策论证充分性（15）、目标设置科学性（15）管理办法可行性（15）、管理行为公共属性（15）总体目标实现程度（20）、可持续发展（10）专家满意度（10）		决策民主（5）总量协调（5）结构相称（5）收支有度（5）管理效能（5）体制优化（5）
监督绩效	专家评价	明确监督职责（20）、制定监督办法（20）采取监督措施（20）、成本核算及时（20）违规事项问责（20）		

执行绩效	第三方评价	一级指标	二级指标	三级指标		
				财政收入评价	财政支出评价	权重
		前期准备	报批程序	事项报批依据性		7
			目标设置	目标设置完整性		3
				目标定位科学性		3
			制度落实	组织系统完整性		3
				制度细化完备性		4
		实施过程	资源保障	资源投入充足性		5
				资源利用及时性		4
				成本控制合理性		8
			业务执行	业务流程规范性		8
				执行监督有效性		5
		目标实现	预定目标实现	征管任务完成率及完成及时性	项目完成进度及质量	15
			延伸目标实现	经济调控成效征管服务便利	社会经济效益	15
		社会满意	利益相关群体	关联对象满意度		10
			利益无关群体	其他公众满意度		10

资料来源：笔者自制。

一是决策民主。不仅指财政收入、支出自身决策过程的科学论证及程序民主，而更应是站在人民群众或社会公共需要的角度进行客观考量，提供一种量入为出或以支导收的机制；简言之，即评价财政收支决策的过程及其考虑的因素是否彼此关联（而非相互独立），是否将民主性或公共性作为衡量二者联动决策的重要标准。

二是总量协调。评价财政收入、支出在总体规模上是否相互协调，应从绝对和相对两个层面进行考量。比如在绝对数上，以一个地区或一级财政为单位是否出现大规模的财政赤字或结余（反映财政资源是否被充分或者过度利用）考量；在相对数上，注意财政收支规模及其差额相对于往期是否出现大幅变动及其原因。

三是结构相称。在结构层面考察财政收支联动更为复杂，涉及我国特定领域财政资源组织利用或支出保障的深层机理。比如说，对特定品种的税费收入，是否通过特别的制度设计明确其主要用于什么方面支出；或者对教育、医疗、底线民生等重要领域财政支出，建立一种从什么角度组织财政资源使之得到充分保障并且水平合理增长的机制。尽管我国财政收支以地区或行政层级为单位统筹管理，但这种制度设想有助于进一步加强收支联动，理顺央地与层级政府之间的财政（转移支付）关系。

四是收支有度。从静态角度看，特定地区和层级的财政收支规模都不能无限度扩张，必须与社会公共需要及其经济发展水平相匹配；从动态角度看，应当建立财政收入—支出变动与宏观、中观经济运行状况相协调的长期机制，评价及约束政府是否过多地占用了国民经济发展成果。

五是管理效能。财政收入和支出从目标完成角度看都有赖于特定组织系统保障。目前我国各级财政收支分别由税务部门、财政部门统筹负责，而对于收支联动管理尚无成型的机制。尽管国税与地税整合在一定程度上强化了财政收入的统一管理效能，现有财政支出绩效评价体系亦提供了财政与其他政府职能部门（在支出端）的协同保障，但就财政与税务部门、税务与其他政府部门之间（就收支管理）的联动关系，仍需在组织上进一步理顺，比如建立跨部门的协商通道、加强部门整体绩效评价等。

六是体制优化。财政收入—支出联动绩效评价从根本上触及我国财税管理体制的内在矛盾，包括收支统筹有制、民主集中决策、央地财政关系、政府与市场边界乃至特定领域财政收支保障、目标责任制及其考核导向等。比如政府通过财税政策介入市场即需承担必要的风险，但这与国有资产保值增值（安全合规）目标发生背离。这些问题牵一发而动全身，尚不能凝练出一成不变的标准，但显然也是绩效评价应当（在技术层面）加以引导的内容。

第六节　人大主导的财政收支绩效评价个性指标库

无论对于财政收入还是支出绩效评价而言，指标体系的三级指标中，诸如预定或延伸目标实现、社会经济效益、可持续发展等指标实际仍为指标导向，需要根据不同资金及项目特点，进一步遴选可操作的四级指标，建立四级指标库（个性指标）。

由于财政收入绩效管理尚未付诸实践，这里仅以财政支出绩效管理为例进行讨论。个性化的四级指标主要从被评资金的绩效目标中挖掘和提炼，即针对绩效目标，遴选关键性指标。基于"社会经济效益"内涵，围绕"产出"和"效果"进行延伸，反映相关主体围绕资金目标"做了什么"和"做得怎么样"。一般而言，四级指标按指标来源可分为三类：一是直接从自评单位提供的自评报告中提取；二是对自评报告中的指标进行筛选、合并或转换；三是重新设计。财政支出绩效评价个性化指标以资金（支出）用途或分类为单位进行设计。基于近年承担同类项目实践经验，我们将涉及的教育、扶贫、产业技术等若干类别财政专项资金绩效个性化指标整理（见表3-4），以为示例。

表3-4　　　　若干类别财政支出绩效评价个性化指标示例

资金类别	指标名称	权重（%）	指标说明	评分参考标准
产业发展类	企业/产品技术创新水平	9	反映获得补助企业/产品相关技术的创新水平	1. 技术先进性占50分，达到国际领先水平得40~50分，达到国内领先水平得30~40分，达到省内领先水平得20~30分，否则得10分以下； 2. 技术完善度占50分，基本达到理想完善程度得40~50分，与理想存在一定差距得20~40分，处于初级（起步）阶段得10分以下。
	企业/产品应用/产业化情况	8	反映获得补助企业/产品相关新技术是否投产及市场应用情况	1. 技术/产品投产占60分，已较大规模量产得50~60分，小规模量产得40~50分，样机（样品）试产得30~40分，样机（样品）成型但未试产得20~30分，研发未成型得10分以下； 2. 技术/产品产销率占50分，销售—生产比率在80%以上得50分，产销率在50%~80%得40分，产销率在30%~50%得30分，产销率在10%~30%得20分，产销率为0不得分。

续表

资金类别	指标名称	权重（％）	指标说明	评分参考标准
产业发展类	企业/产品市场前景	8	反映获得补助企业/产品相关技术预期产销率、销售业绩或市场占有等情况	1. 预期产量/产值年均增速占40分，未来3年预期年均增速超过20%得40分，增速在10%～20%得30分，增速在0～10%得20分，预期无增长得0分； 2. 在同类产品中的预期市场占有率占40分，未来3年预期占有率达到30%以上得40分，达到在20%～30%得30分，达到在10%～20%得20分，在10%以内得10分； 3. 预期业绩的依据或保障占20分，依据或保障很充分得20分，有一定依据或保障得10分，依据或保障不充分得10分以下。
科技创新类	机构/平台总体建成度	9	反映受资助机构/平台项目建设及完善情况	1. 当前建设进展占70分，按预期计划完成得60～70分，部分完成得30～60分，基本未完成得30分以下； 2. 与未来理想规划相比占30分，基本达到理想完善程度得20～30分，与理想存在一定差距得10～20分，处于起步阶段得10分以下。
科技创新类　机构/平台建设	机构/平台公共服务效能	8	反映受资助机构/平台项目提供公共服务的效率和质量情况	1. 平台使用率占50分，使用率较高得40～50分，使用率一般得20～40分，使用率较低得20分以下； 2. 平台服务效果占50分，服务效果（行业或社会反馈）较好得40～50分，服务效果一般得20～40分，较差得20分以下。
科技创新类　机构/平台建设	机构/平台运营管理有效性	8	反映受资助机构/平台运营管理相关机制的建设及完善情况	1. 管理机制健全占60分，非常健全得50～60分，比较健全得30～50分，不健全得20分以下； 2. 管理服务及运营维护质量占40分，质量很好得30～40分，质量一般得20～30分，质量较差得20分以下。
科技创新类　团队/人才补贴	团队/个人业绩	9	反映获得补贴团队/个人在科技创新相关活动或比赛中获得的成绩	1. 活动业绩占60分，获得国际/国家级成绩认定得60分，获得地区/省级成绩得40～55分，获得市（区）级成绩得30～40分，获得其他成绩得30分以下； 2. 活动质量占40分，根据所参加的科创活动影响力及团队/个人付出的努力程度酌情评分。
科技创新类　团队/人才补贴	对单位/当地贡献度	8	反映获得补贴团队/个人及其开展的科技活动对所在单位/地区的贡献程度	通过其对当地相关领域（产业）发展的示范带动作用评分，作用很大得80～100分，作用较大得60～80分，作用一般得30～40分，作用较小得20～30分，基本无贡献得0分。

续表

资金类别		指标名称	权重（%）	指标说明	评分参考标准
科技创新类	团队/人才补贴	未来发展前景	8	反映获得补贴团队/个人相关科技活动/业绩的未来发展前景	通过团队/个人相关业绩的发展潜力或其成果产品的预期产值/销售额/市场价值等评分，潜力很大或预期增幅在100%以上得80～100分，潜力较大或预期增幅在50%～100%得60～80分，潜力一般或预期增幅在20%～50%得40～60分，潜力较小或预期增幅在20%以下得40分以下。
	知识产权推进	知识产权成果层次	9	反映获得补贴单位的相关知识产权成果质量及其获得认定（认可）的层次	1. 成果层次占60分，获国际级（行业）认可得60分，获国家级（行业）认可得50分，获省级（行业）认可得40分，获市县级（行业）认可得30分，获其他认可得30分以下； 2. 产品/技术成熟度占40分，非常完善/成熟得40分，比较完善/成熟得30分，还有一定改进空间得20～30分，还有很大改进空间得20分以下。
		知识产权成果数量	8	反映获得补贴单位知识产权相关成果数量	1. 成果数量占60分，在本地同行（同类）单位中处于领先水平得50～60分，处于较高水平得40～50分，处于一般水平得30～40分，处于较差水平得30分以下； 2. 成果增量占40分，同类成果数量每年增幅超过50%得40分，增幅在30%～50%得30分，增幅在10%～30%得20分，增幅在10%以下得10分以下。
		知识产权价值/应用前景	8	反映获得补贴单位相关知识产权成果价值或应用前景	通过相关成果（产品或技术）的预期产值/销售额/市场价值等评分，潜力很大或预期增幅在100%以上得80～100分，潜力较大或预期增幅在50%～100%得60～80分，潜力一般或预期增幅在20%～50%得40～60分，潜力较小或预期增幅在20%以下得40分以下。
装备制造类		装备技术性能	9		1. 设备技术先进性占50分，达到国际领先水平得40～50分，达到国内领先水平得30～40分，达到省内领先水平得20～30分，否则得10分以下； 2. 设备性能完善度占50分，基本达到理想完善程度得40～50分，与理想存在一定差距得20～40分，处于初级（起步）阶段得10分以下。

续表

资金类别	指标名称	权重（%）	指标说明	评分参考标准
装备制造类	装备投产应用情况	8		1. 设备/技术投产占 60 分，已较大规模量产得 50~60 分，小规模量产得 40~50 分，样机（样品）试产得 30~40 分，样机（样品）成型但未试产得 20~30 分，研发未成型得 10 分以下； 2. 设备/技术产销率占 50 分，销售—生产比率在 80% 以上得 50 分，产销率在 50%~80% 得 40 分，产销率在 30%~50% 得 30 分，产销率在 10%~30% 得 20 分，产销率为 0 不得分。
	装备市场前景	8		1. 预期产量/产值年均增速占 40 分，未来 3 年预期年均增速超过 20% 得 40 分，增速在 10%~20% 得 30 分，增速在 0~10% 得 20 分，预期无增长得 0 分； 2. 在同类产品中的预期市场占有率占 40 分，未来 3 年预期占有率达到 30% 以上得 40 分，达到 20%~30% 得 30 分，达到在 10%~20% 得 20 分，在 10% 以内得 10 分； 3. 预期业绩的依据或保障占 20 分，依据或保障很充分得 20 分，有一定依据或保障得 10 分，依据或保障不充分得 10 分以下。
技术改造类	企业产能效益提升	8		反映受资助企业（项目）的生产效能、经营/销售业绩变动情况。 1. 产能增加占 50 分，实施后比实施前有增加得 30 分以上（按比例加分，加满 50 分为止），实施前后无变化得 25 分，有缩减得 20 分以下（按比例扣分，扣完 20 分为止）； 2. 经营/销售业绩提高占 30 分，实施后比实施前有增加得 20 分以上（按比例加分，加满 30 分为止），实施前后无变化得 15 分，有缩减得 10 分以下（按比例扣分，扣完 10 分为止）； 3. 企业规模（员工数）扩张占 20 分，实施后有增加（或无增加但产能/业绩更佳）得 15 分以上（最高 20 分），实施前后无变化得 10 分，有缩减得 10 分以下（最低 0 分）。
	技术设备更新改造	8		反映受资助企业（项目）技术设备更新改造及生产技术水平变动。其中新增技术/设备投资占 50 分，生产技术改进占 30 分，信息化/智能化应用占 20 分，视其在同行业或同类获得资助企业中的相对情况评分；如有自主研发/创新项目酌情加分，最高不超过 100 分。
	生产能耗/成本降低	9		反映受资助企业（项目）生产能耗/成本下降及其绿色发展情况。 1. 单位生产能耗（能源、水电等）降低占 50 分，实施后比实施前有降低得 30 分以上（按降幅加分，加满 50 分为止），实施前后无变化得 25 分，有增加得 20 分以下（按增幅扣分，扣完 20 分止）； 2. 其他生产成本（在不减产情况下）降低占 50 分，实施后比实施前降低得 30 分以上（按降幅加分，加满 50 分为止），实施前后无变化得 25 分，有增加得 20 分以下（按增幅扣分，扣完 20 分止）。

续表

资金类别	指标名称	权重（%）	指标说明	评分参考标准
技术改造类	行业服务/带动效应	5	反映受资助企业（项目）公共服务平台建设或完善情况。其中平台功能实现占30分、平台服务范围占30分，平台运营维护占40分，根据实际情况评分。	
风险补偿类	扶持对象覆盖率	9	反映获得该基金扶持的科技型中小企业数量，即受益对象覆盖面	1. 扶持对象覆盖情况占50分，覆盖所有符合条件（被推荐或计划扶持）的对象得50分，否则按比例扣分； 2. 扶持对象增长情况占50分，年增长率达到50%得50分，否则按比例扣分。
	基金运营效率	8	反映各合作银行基于该基金的贷款投放额度及利率情况	1. 投资放大倍数占50分，总体达到预期放大倍数得50分，否则按比例扣分； 2. 贷款利率优惠占50分，100%符合预期利率（优惠幅度）得50分，否则按比例扣分。
	融资帮助效果	8	反映该基金对缓解科技型中小企业融资困难的帮助效果	1. 企业接受程度占30分，该政策获得绝大多数科技型中小企业欢迎得30分，否则酌情扣分； 2. 融资困难缓解占70分，该政策使绝大多数科技型中小企业融资困难情况得到缓解得70分，否则视实际情况扣分。
农业补贴类	目标人群覆盖率	8	农村危房改造覆盖所有符合条件（申请）对象情况，覆盖率＝实际改造户数÷应改造户数；本项评分＝覆盖率×100分。	
	配套设施建成率	8	反映农村危房改造所需（计划）的配套基础设施建成情况，建成率＝已完工或投入使用面积÷计划建造总面积。本项评分＝建成率×100分。	
	补助达标/落实到户率	9	反映危房改造补助发放达标及落实到户情况。其中达标占50分，达标率＝实际补助金额÷应补助标准额，评分＝50分×达标率，超过50分按50分算；到位占50分，全部发放到位得50分，否则按比例扣减。	
	政府补贴/经费保障水平	5	农村危房改造所需经费由财政负担/保障（纳入财政预算）水平，财政负担比例＝财政安排的经费额÷农村危房改造所需经费总额×100%，本项得分＝财政负担比例×100分。	
教育保障类	教学设施设备达标率	8	该指标按照项目具体情况填写。 1. 教学设施设备（图书）购置项目采用教学设备达标率。本项评分＝（教学设备或图书数量/省级标准化数量）×100%。 2. 校舍建设或改造项目采用安全校舍面积比。本项评分＝100%×项目完工达到国家安全标准（含已验收合格）的校舍面积/新建或新改造校舍总面积。 3. 其他类型项目依据预设目标完成程度评分，说明得分理由。	

续表

资金类别	指标名称	权重（％）	指标说明	评分参考标准
教育保障类	教学设施设备利用率	8		1. 利用率＝新投入使用设施设备（或图书、校舍面积）/购置的设施设备、图书数量（或已完成校舍改扩建总面积）×100％，本项评分＝100×利用率。 2. 其他类型项目依据项目已取得效果评分，说明得分理由。
	义务教育学校标准化达成率	9		本项根据资金使用单位的具体情况评价： 1. 属于义务教育学校范围采用义务教育标准化学校达成率。标准化学校建设情况达到省标准的得100分，否则根据达成情况评分，达成率＝100×（已达标项数/标准项数）。其中标准项数为标准化学校达成所要求项数，具体参考《×省义务教育标准化学校督导评估方案》。 2. 不属于义务教育学校范围则该项采用相应省级标准达成率。达到省级规定的标准得100分，否则根据达成情况评分，达成率＝100分×达成率。
	学校办学质量提升	5		该指标按照具体情况评价，反映2015年6月比2011年底学校办学质量提升情况，根据教学管理规范度、人才培养数量和质量、校园文化丰富度、教学创新能力或社会服务能力提升程度酌情给分，无提升为0分。
工作经费类	工作完成质量与成绩	9		按计划和上级要求完成工作或提供服务占60分，工作业绩或服务质量（如获得领导肯定等）占40分，视实际情况酌情评分，如不能提供相应佐证材料最少扣10分。
	企业/社会服务效果	8		根据提供服务的实际效果酌情评分，服务效果很好得90～100分，较好得70～90分，一般得50～70分，较差得50分以下，如不能提供相应佐证材料最少扣10分。
	工作经验总结与推广	8		形成有益工作经验占60分，工作经验推广占40分，视实际情况酌情评分，如不能提供相应佐证材料最少扣10分。

资料来源：笔者自制。

第四章 人大主导评价与财政绩效的社会再生产

在阐述人大主导财政绩效评价的组织体系与技术体系两大关键问题基础上，作为整体的评价系统或评价实践应承担怎样的社会治理功能，有何副作用及需规避什么？本章作为一个探索，首先讨论了财政绩效评价的技术治理特征与可能引致的政府治理低效表现；然后借助社会学文化资本理论提出财政绩效社会再生产的概念，具体可从生产评价者绩效行为优化、绩效文化产品开发、体制认证与市场流通、再生产系统扩张与内部分化等维度进行观察；再通过笔者参与广东省人大主导财政绩效评价实践的素材，采用多案例分析法对不同类型的绩效再生产循环与其社会秩序发育情况加以检视，以提供财政绩效管理社会治理功能优化的启示。

第一节 绩效评价的技术治理功能与财政绩效再生产问题

一、绩效评价发展及其作为财政治理的技术手段

自 2000 年以来，无论公共部门还是私人部门，绩效评价或绩效管理越来越成为一个热门的话题。党的十九大至今，预算全面绩效管理更是如火如荼地开展，以致不少研究和实践者高呼"一个持续的绩效管理时代已经到来"。绩效评价最直接的观感是将绩效目标与产出（output）、结果（outcome）量化，其扩张得益于科学管理技术、社会评价（民意调查）技术和数理统计技术等嵌入发展。绩效评价导入在相当程度上推动了公共财政的民主监督、效能治理和公信力革命。但推动一个部门接受或实施财政绩效管理的往往是其信息反馈与激励约束功能，绩效决策者更看重的是既定目标层层落实执行的效率。

　　财政绩效评价的这种工具化倾向与政府治理的技术化转型相伴相生。政府治理的技术导向旨在让治理行动尽量摆脱治理者人格特征与价值判断的影响，从而形成一种越发追求效率和精确结果的函数化程式，这正是法治和科学主义者的夙愿。① 技术治理帮助国家和政府达至"数目字管理"，数字化、精细化及效率化作为其基本要求，数字化是精细化的前提，精细化则是使治理效率在现代国家规模扩张与复杂程度加深中得以维持的关键。技术对政府治理创新的意义不止于效率至上、重塑权力和有章可循，过度的技术化也会让公共治理行动走入"死胡同"。一旦进入技术程式，治理者往往就"不再关注行动本身是否正当，而是关心如何让其更有绩效，获取更大的技术收益"。② 而这又对治理技术提出了不断进阶的需求。

　　财政绩效评价本身的技术治理内涵主要体现为四点。一是绩效目标指标化。无论是对部门、项目或政策绩效评价，首先都要求被评对象把绩效目标指标化。所谓指标化，不仅要使绩效目标内涵明确、结构清晰，更要将其转化为具体可衡量的指标，可参照总体目标与阶段性目标、产出目标与效果目标等进行层次分解，最后提出量化的目标值。绩效目标指标化是使绩效结果能被精确测量的前提，是应用财政绩效评价技术的第一步。二是绩效生产标准化。绩效生产过程其实是绩效主体在绩效目标引导下的自主行为，但要受到外部因素（如制度规则、技术环境与其他主体行为等）的综合影响。绩效生产标准化是为了让同类主体的绩效生产行为能保持高度一致，方便绩效管理者对之有效监控。目前的通行做法涉及静态和动态两个层面：前者包括健全绩效主体的组织建制，给予明确分工和厘清权责，建立完善的规制体系；后者则向绩效生产各环节植入细致的操作规程（包括论证与报批、计划和预算、手续与监督、验收与问责等）。③ 三是绩效结果数量化。结果导向与量化评价是绩效管理的本质要求，从某种程度上讲也是其生命力所在。对应于多层次、指标化的绩效目标，评价者要随时快速地对绩效生产效能做出衡量，甚至精准算出每项目标达成率究竟是80%还是75%。现有评价技术一般要求从完成进度与质量、社会经济效益或是从预定目标、延伸目标等不同角度进行复合评价，以期获得描述目标实现程度的结构化数字系统。四是绩效应用简单化。绩效应用作为绩效评

　　① 刘永谋. 技术治理的逻辑［J］. 中国人民大学学报，2016，30（6）：118－127.
　　② 刘永谋. 技术治理主义：批评与辩护［N］. 光明日报，2017－2－20.
　　③ 目前各类财政绩效评价普遍的做法，指标体系基本都包括前期准备、过程管理、目标实现等维度，下设组织体系、管理制度、财务合规、实施规范及监管有效等具体指标，其中财务合规要求资金到位及支付及时、业务真实、账目清晰、凭证有效等，实施规范则要求按计划审批、启动、招标、实施、调整、监督、验收等，即为明确的操作规程。

价的终点，也是链接绩效初次生产和再生产并使之持续运转的关键。理想的绩效管理技术要求基于评价结果对被评者实施刚性奖惩，同时财政的一切目标决策都依赖于绩效标准，只有绩效好的项目才可获得预算分配。一个完整的财政绩效评价系统将绩效目标—绩效生产—绩效结果—绩效应用四个环节都收纳其中，借助抽象的指标与评估标准，将政府绩效生产的"360度""全生命周期"都置于严密的技术监控之下，从而为财政治理提供充分的决策信息辅助，甚至成为绩效问责与干部人事管理的重要依据。

二、绩效评价助长的技术治理困境与财政绩效的社会再生产

绩效评价所代表的技术机制强化了财政治理的技术取向，而财政技术治理惯性又反过来倒逼评价技术的不断演进，两者相得益彰。[①] 以广东省为例，其省级《财政专项资金管理试行办法》规定，凡专项资金到期后增加预算，需以绩效评价结果为良以上作为前提。截至 2018 年 12 月，广东省近 1/4 的市（县）政府和难以计数的行政事业单位借助第三方专业力量建立了相应的财政绩效评价体系，部分为完善该体系进行了多轮重构，引入的第三方机构从省内到国内权威甚至包括麦肯锡等国际知名品牌；越来越多的重大财政政策出台前必须求助第三方论证，借此推动了事前绩效预测和风险评价等前沿技术发展。[②]

绩效评价在给财政治理带来大量技术效益的同时，也让不少层级和地方堕入热衷评价、依赖评价、改进评价乃至迷信评价的困局，进而产生一系列影响。一是治理主体外部化。尽管面临开放治理的时代要求，政府仍是处置公共事务最关键的责任主体。第三方评价为弥补财政治理的专业力量和公信力不足做出重要贡献，却也在某种程度助长了有关部门"避责""甩锅"的风气。不仅风险决策都要求第三方"背书"，事无巨细推给第三方"服务"，增加了行政相对人成本；而且明知问题不敢言报（只想寄托于第三方之口），挨了批评都拿第三方"出气"，等等。第三方反而成了财政履职的外部承压者，其功劳愈大责任愈深。二是治理目标简约化。财政治理目标要"承上意，顺民心"，平衡不同时空立场必然产生难以量化的公共属性。比

---

① Liu Y. M. The Benefits of Technocracy in China [J]. Issues in Science and Technology, 2016, 33（1）: 25－28.

② 付韬. 广东省举行通报撤并和规范省级考核检查评比表彰活动情况新闻发布会 [DB/OL]. 南方网，http://www.scio.gov.cn/ztk/dtzt/2013/2013ngzhg/29920/29939/Document/1355112/1355112.htm.

如文化观念宣传的公共项目，很难说举办了几场活动、受众多少人次就是它的目标体现，但要"合法地"持续获得财政支持，就必须符合绩效评价的技术要件；各部门在绩效申报和治理行动中，只能挑些易完成易评价的数量目标来做，由此形成简化治理、避重就轻的功利思维。三是治理过程机械化。内含主观理性和客观约束的政府治理过程本身充满个性与生机，但技术治理者要强迫将其纳入统一的轨道，给予规定动作和绩效监控来把握节点，这就将治理者行为机械化了，强化了财政治理的整体秩序与技术秩序，忽视了其个体秩序与情感秩序。① 四是治理效果形式化。通过绩效评价，财政治理结果转化为结构化的数阵与对其阐释，即在相当程度上剥离了价值和感情。而数字是人造的，囿于目标强度和问责刚性，无论怎样的目标最终都会完成，甚至超额完成。

归纳起来，在绩效评价等技术帮助下，财政治理正面临一种"治理低效—技术强化—技术适应—治理低效"的不良循环。不仅技术受制于人类认知和生产周期，抽象的技术理性与具体实践情境之间天然隔断，且技术的益精始终难以制约人的能动行为，背后固为技术理性、客观环境与人的主观能动之间存在深层张力。② 只有跳出技术治理框架，同时关心技术、环境和人三者互动，才可能根治。为此，本书提出财政绩效的社会再生产概念。所谓绩效再生产，是指持续不断的绩效生产过程，它由"绩效生产—绩效评价—绩效再生产"环节组成，每一段绩效生产又都包括不同主体的"绩效目标—绩效行为—绩效结果"组合链条，它既是绩效主体的自主行动过程，又受到体制环境和其他主体行动的影响。绩效再生产首先要对前一生产环节进行绩效评价，再将评价结果应用于后一环节的生产决策，由此循环提升，累积绩效资本。财政绩效再生产问题的关注，既是在一定程度上尝试将主体、环境与技术因素整合分析，同时，也回归绩效评价究竟"为了什么"的拷问——是不断强化政府技术治理能力，还是培育扩散由主体绩效意识、普遍绩效规则与绩效行为自觉合成的绩效秩序？若定位后者，显然财政绩效管理就不仅是一个技术问题，还是一个制度问题，更是一个文化问题。

---

① Richard G O. Scientism and Technocracy in the Twentieth Century：The Legacy of Scientific Management [M]. Lanham, Md.：Lexington Books, 2016：207.

② Greenwald, Howard P. Scientists and Technocratic Ideology [J]. Social Forces, 1979, 58（2）：630－650.

第二节　文化资本视域的财政绩效社会再生产内涵

一、文化资本的理论渊源及要旨

　　财政绩效再生产累积的绩效资本为何种资本、培育的绩效秩序如何构成，是一个触及根髓的问题。在学理上，资本作为再生产分析的重要工具有两大历史渊源。一是马克思（Karl Heinrich Marx）在其巨著《资本论》中较早地系统阐释了再生产理论。他认为：再生产即不断反复进行的生产过程，其中生产环节起决定性作用；再生产从主体看包括个别再生产和社会再生产，从规模看包括简单再生产和扩大再生产；伴随社会再生产过程的是社会总资本运动及社会总产品实现。① 马克思是从政治经济学的视角切入，以"资本"概念为中介对社会再生产作了一种物化与数量化的理解，尽管他也认可资本作为社会权力的代表，但都是由经济地位所决定。二是在此基础上，20世纪的社会学大师皮埃尔·布迪厄（Pierre Bourdieu）有了进一步创见。他认为资本不仅是"能带来剩余价值的价值"，也是"能获得更多资源的资源"，负载能真实作用的权力。② 他提出经济资本、文化资本与社会资本三种基本类型，其中文化资本用来表示对特定类型与数量的文化资源的排他性占有。

　　归纳布迪厄文化资本理论的要点有三。一是关于文化资本的外延或存在形式，包括身体（能力）式文化、客观（商品）式文化和体制式文化，前者是指个体经过学习或受环境影响形成在精神或行动上的某种修养、惯习与能力，中者是指由个体文化能力赋予并转化生成的某种客观物态（如文书、器具等产品，系文化能力作用的成果），后者是指个体文化能力或其产品经官方体制（主管部门）授权而拥有的特定功能（系一种标签符号但有广泛干预性）；二是关于文化资本内部及与其他资本之间的转换机制，文化资本的三种存在形式本身具有相互赋能和转化的属性，且它们也可跟社会资本、经济资本双向转化；三是关于文化资本的实质与其社会治理功能，文化资本综合表现为个体在意识修养、言谈举止、社会交往、专业工作和把握机遇等方面的独有能力，由于皮埃尔·布迪厄主要在教育场域论述，这些能力习得内嵌了个人天赋、家庭

----

① 胡钧，唐路元. 对马克思再生产理论的新认识 [J]. 当代经济研究，2000（4）：14-20.
② 林克雷，李全生. 广义资本和社会分层——布迪厄的资本理论解读 [J]. 烟台大学学报（哲学社会科学版），2007（4）：63-68.

条件以及社会经济地位上的优势，换言之，文化资本积累过程伴随的是社会统治阶级文化特权的巩固，亦即文化不平等秩序的合法强化。① 尽管布迪厄的理论在是否重视个体能动性上存在争议，他却跳出了唯经济主义思维，通过场域—惯习—资本等概念搭建起一个对社会结构与社会生活本身进行分析的空间，从而能用文化资本变量来解释经济无法解释的问题。②

二、财政绩效文化资本及其与绩效再生产的关系

财政绩效再生产维持依赖于绩效文化资本的传递和演化，借鉴布迪厄思想，可从财政绩效文化资本的特性入手来考察其内容。

一是主体性。布迪厄并未强调文化资本的主体性，但它对于财政绩效评价的场域分析尤为重要，即需弄清是谁的文化资本在作用，这关系到绩效再生产循环的内在驱力。以静态视角看，财政绩效至少涉及生产者和评价者两类主体。生产者是从特定类型绩效评价体系的内循环来看，以传统的绩效评价对象（资源受体和行动主体）为主（直接生产者），也需将上级绩效决策（资源配置）、跨部门协调与监督的主体（间接生产者）纳入；评价者是对特定绩效生产活动具有主动或被动评价意愿的外部组织及个体（如权威部门、第三方、专家与公众等），凸显从系统外看待和评价系统内的立场。③ 以动态视角看，绩效生产者总是在上一环节绩效评价结果应用的基础上，再次设定绩效目标，组织绩效行为，追求新的绩效结果。一个良性的绩效秩序下，生产者为在同类竞争中获得及保持优势，每一轮绩效生产相对上一轮而言，其目标设定与行为组织都会进行针对性改善，以帮助达成更优的绩效结果。也即是说，区别于简单再生产，财政绩效再生产应是一种扩大再生产机制；而正是通过往期绩效评价的学习与绩效目标、行为再设，生产者逐步加深对绩效知识的理解，掌握了绩效目标选择、绩效行为规范和绩效结果表达等技能并日趋娴熟、形成自觉，这便使其绩效生产能力得到强化与绩效文化资本得以累积。对于间接生产者，

---

① ［法］皮埃尔·布迪厄. 文化资本与社会炼金术［M］. 包亚明译. 上海：上海人民出版社，1997：118.

② 朱伟珏. 超越社会决定论——布迪厄“文化资本”概念再考［J］. 南京社会科学，2006（3）：87－96.

③ 对公共部门而言，决策绩效、监督绩效和执行绩效都是构成整体绩效的不同层面内容；间接绩效生产者（如上级主管）可能亦为绩效评估者，但非生产者（如第三方）主导评估日益成为主流。参见：卢扬帆，原珂. 政府绩效管理秩序评估：以广东省级绩效管理为例［J］. 甘肃行政学院学报，2020（3）：4－18.

尽管稍逊凸显但它们的绩效再生产逻辑是一致的，且同样存在竞争（前沿评价已很多将管理绩效、监督绩效计入总分并排名），故亦有相应的文化能力（资本）习得（在不同的评价活动中直接与间接生产者角色经常互换）。对评价者而言，相对于狭义的绩效再生产过程它们是辅助性的（推动生产者的绩效文化资本积累），但它们自身也在反复评价中加强绩效理论学习、优化评价规则应用和扩散绩效专业知识，即增加以其作为主体的文化资本。在生产—评价两部门的财政绩效再生产系统中，直接生产者的文化资本积累效应无疑最明显，所以参与（纳入）评价范围的对象越多越好；但不同角色各有各的增益，由此彰显绩效文化资本的主体性。对超越两部门之外的全社会来讲，累积的文化资本或称为一种财政绩效社会秩序，简言之即崇尚绩效、追求但不迷信绩效、监督政府、本利平衡的社会文化自觉。

二是类型性。生产者、评价者再生产中获得的绩效文化资本分为不同形式。于生产者而言：身体式文化资本主要表现为对绩效评价内涵及价值的理解和认同，借此导向其绩效目标设定主动趋好、绩效行动力趋规范与绩效结果清晰表达的惯习，这是一种个体习得的专属能力，具有排他性；客观式文化资本即参与绩效评价活动所衍生的各类相关产品，包含但不限于绩效评价方案、指标体系、管理制度、数据信息、图文记录与报告成果等，它们皆可单独成文并印发传播，具有交易性；① 体制式文化资本则是前述身体式、客观式文化经由权威主体认证而获得的干预性及示范性，比如评价方案、指标、制度成为通用范本，信息、报告与实践模式供大家学习等。类似地，评价者也有其相应的身体式（掌握绩效专业知识、自觉优化评价规则与评价实践的能力）、客观式（开发的评价规则、评价过程与结果等各类产品）、体制式（获得权威认可并被推广）文化资本积累。不论是在个体或组织层面，公共部门及为之提供服务的评价机构绩效文化资本越深厚，公共治理的质量和效能自然越佳。

三是可传递性。一方面，身体式文化资本所承载的能力会在绩效生产中自动向客观式文化资本赋能，凝结为具体且质量各异的绩效文化产品；而体制式绩效文化资本形成正是得益于主体在身体式、客观式文化中积攒的优势或独特性；对生产者评价者来说皆是如此。另一方面，主体所拥有的绩效文化资本整体会向社会资本、经济资本等其他形式赋能或转化，比如文化能力占优的生产者、评价者将在社会网络中主导话语权，借此获得额外资源；质量上乘或有特

---

① 有学者提出"到底是绩效再生产还是绩效信息再生产"的疑问，从这里可看出，绩效信息再生产只是绩效再生产的一部分，或一种形式载体，基本对应于绩效生产者、评估者的客观式文化资本再生产。

色的文化产品可直接进入市场交易，带来经济价值；等等。而这些社会和市场关系中的获益又会反过来为其绩效文化资本积累增添筹码。

三、财政绩效社会再生产的关键问题与分析框架

绩效评价系统中的生产者与评价者分别内置了不同行政层级和区域划分，所以财政绩效再生产不同于个别再生产，一定是相互联系交错、互为影响条件的各级各类主体绩效再生产合成的社会再生产过程（见图4-1）。那么，以超越两部门的全社会为视域，如何才能描述一个作为整体的财政绩效社会再生产进程？其实仍可对应前述财政绩效社会文化资本的三种形式来进行观察：一是生产者群体的绩效目标再设、绩效行为规范与绩效结果表达不断优化；二是生产评价者再生产中开发的绩效文化产品数量及形式日益丰富；三是获得体制认证的绩效生产评价模式及其产品进入市场流通。相对于抽象的文化能力而言，这三个维度是明确、显在且可实证测量的，故可作为财政绩效社会再生产观察的浅层锚点。

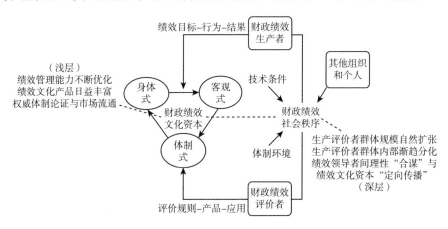

图4-1　财政绩效社会再生产系统分析模型

资料来源：笔者自制。

在此基础上，进一步考虑财政绩效社会再生产所承载的治理功能，亦即所谓财政绩效社会秩序形成与扩散蕴含的特性，也有三个关键问题（再生产观察的深层锚点）。

一是生产评价者群体规模受绩效文化资本价值感召的自然扩张。因为进入再生产循环不仅使生产者的绩效目标、行动与结果能力得到反复训练，更是让其创造的绩效文化产品获得在一定范围流通和被体制认证的资格，使生产者的绩效竞争与潜在收益变得真实可感，所以一旦评价活动被开发并持续运行，就

会有越来越多的部门单位希望被纳入评价范围（即便开始时抵触也会在随后主动靠拢）。评价者也一样，近年许多原本从事相关行业的咨询机构都努力"跨界"过来，反复参与财政绩效管理服务投标并谋求中标。生产评价市场日益壮大正是财政绩效社会秩序良性发育的重要体现。

二是生产评价者群体内部因文化资本积累速率和被体制接受的差异而渐趋分化。生产者中的部分个体在长期绩效竞争中反复占优及获益，使其在评价体系中取得一定的话语权，他们的经验模式、绩效产品更可能被权威部门采纳推广并被其他同行学习；有些评价者在特定范围内的财政绩效管理采购中总是中标，或为更高层次的绩效评价活动提供服务，他们容易塑造品牌而成为大众心中的"权威"，所代表的评价规则和产品也拥有更普遍的影响力。生产评价市场分层是财政绩效社会秩序结构化生长的必由之路。

三是绩效生产评价的领导者之间理性"合谋"，共同左右绩效文化资本"定向传输"与绩效社会秩序巩固。处于"头部"的生产者和评价者之间天然接触更多，优势生产者希望笼络评价者谋求在后续评价中"连庄"，并借评价者之口（评价产品）为其成绩"背书"，使之更获体制关注和认证；优势评价者也需生产者积极配合并引导评价高效完成，或依其成功经验开发评价规则、充实产品案例以帮助自身竞标。如果将两类优势个体称为绩效生产评价的"领导者"，二者理性"合谋"将对社会主流绩效文化资本的形成与传播产生事实的"操控"。正如布迪厄所言，文化资本积累一是帮助实现既有社会秩序的合法化，二是巩固特定统治阶层与其他阶层间的不平等地位。财政绩效社会再生产循环积蓄的绩效文化资本也是一把"双刃剑"，一方面不断加持了生产评价者的能力自觉，推动政府及社会形成尊重绩效、崇尚绩效的良好氛围；另一方面也使绩效文化资本的流动方向相对固化，即绩效领导阶层拥有影响其他阶层的"专断权力"，巩固了不平等"秩序本貌"。绩效再生产系统并非完美无缺，财政绩效社会秩序发育是一个漫长的渐进过程，其中还需及时关注不同秩序模块的短板、发现有关绩效主体行为的偏向并予以调适。而这，又当以深入社会现实的微观检视、全面评测和科学疏导作为前提。

第三节　人大主导的财政绩效社会再生产秩序检视

遵循既有分析思路，本节再从实证的角度，利用人大主导财政绩效评价若干案例素材对当前社会条件下财政绩效再生产系统的运作情况进一步检视。其中蕴含两层目的：一是评测特定范围绩效再生产进程与财政绩效社会秩序的发育状况；二是初窥绩效秩序内生模块长短与再生产有关主体行为取向，以便导出其超越技术治理之方。这里采用的是参与式观察和典型案例分析方法。参与式观察及案例素材源自 2012 年以来广东某高校政府绩效评价中心（以下简称"H 中心"）的相关工作。该中心为省重点智库，政府绩效管理咨询行业的知名品牌，2012 年至今接受委托或自行组织开展了包括财政绩效评价在内的多种类型绩效评价技术研发或实践服务项目逾 30 个。为融合前述浅层和深层的观察视点，多案例研究的主分析单元设为财政绩效生产评价有关主体的行为及其互动关系，次分析单元为生产评价者群体以及（特定类型）社会整体绩效秩序构成。基于"差别复制"原则，备选的案例主要是 H 中心受广东省人大委托开展财政支出绩效第三方评价的若干项目，包括省级重要民生保障政策绩效评价项目、省级工业化发展专项资金绩效管理项目、省级产业发展基金运营绩效评价项目（以下分别简称为民生政策项目、工业财政项目、产业基金项目）等。这些案例依赖相近的绩效生产与评价逻辑，但覆盖了财政绩效的不同类型；同时项目层级较高，具有典型性，能够概览财政绩效社会再生产秩序的全貌。针对每个检视主题，将从不同案例中有重点地选择素材，形成综合意见。

一、绩效生产者群体扩张与其目标—行为—结果能力不断优化

　　工业财政项目的基础是在广东省预算绩效管理实践日益深化的趋势下，由广东省工业厅借助专业力量对其主管的工业化发展专项资金自行组织绩效评价。该项资金涵盖逾 90% 的厅属预算，涉及 22 个业务处室、近 150 个市县主管部门和 1500 余个子项目单位，构成庞大的绩效生产系统。鉴于资金重要，省人大几乎每年都抽取对其实施重点绩效监督。2016 年初次评价时，包括处室在内普遍都有抵触情绪，按时完成自评的单位仅半数。但连续开展三年后，全省工业系统逐步认识到绩效评价对其规范管理、提升绩效与化解风险大有助益，于是积极接受和参与被评。至 2019 年已有多个地市工业局主动谋求建立本级工业化资金（对下级）的绩效考评体系；不少单位实现从以往申报与实施项目时无目标到有目标、从目标模糊到目标清晰的转变，绩效意识强化、组织资源保障催生了更有针对性的绩效行动。

　　产业基金项目略有不同，其绩效目标系由主管部门直接下达对基金整个运营周期的效益要求，运营团队的重心是如何将既定目标分解落实。他们采取了

总目标平均分配成年度目标、总任务加权分配成个人任务并与绩效报酬挂钩的两级机制。如基金运营 10 年内"募集社会资本达到 400 亿元，100 亿元财政本金全部投出"被分解成"每年至少募集 40 亿元，本金至少投出 10 亿元"，再按职务分解成基金经理个人的 KPI（一级经理每年签约投出至少 1 亿元）；若完不成，主管部门按比例扣减团队的运营管理费，基金经理按比例扣减绩效奖金。这便是在每个年度的绩效生产周期中，通过主动作为的绩效目标分解、绩效行为标准化和生产过程严格监督来确保 100% 达标，所依赖的逻辑是生产者全员动员和强化绩效努力。其结果是过去几年基金运营绩效评分均接近满分，运营团队获得了基金收益、增强了管理专业性。

不难发现，技术治理对财政绩效管理的引导一方面限于绩效目标指标量化，追求更高的目标值，但究竟设置怎样的指标才算科学，才能反映部门、项目或政策绩效的关键，则是一种能力的彰显。社会再生产循环中，各类生产主体囿于绩效竞争将会反复探知自身绩效的精髓，在目标设置上不断挑战更高，从而以"敢于献丑""力争最优"逐步取代"舍难求易""片面数量"的倾向，带来实质性绩效管理能力的升华。另一方面，从目标分解导向绩效行动的过程也将从机械被动的外部监控，转向基于内外双重报酬、自我激励的主动作为，形成绩效生产主动趋好的理性自觉（见表 4 - 1）。

表 4 - 1　　　　　　　典型案例中的财政绩效文化资本再生产比较

案例	生产者扩张	绩效目标再设	绩效行为投入	绩效文化资本累积（能力习得超越片面化）
工业财政项目	参与评价积极性提升，评价活动向下级单位延伸	无目标到有目标、目标模糊到目标清晰	增强绩效行动对目标的针对性	对绩效管理的理解力、价值认同及参与自觉提升，资源保障加强，绩效改进带来后续资金支持
产业基金项目	生产者团队全员动员	既定目标分解成个人 KPI	通过与报酬挂钩来强化行动	绩效行动计划与生产过程标准化是一种主动作为，自我激励认同，提升团队运营管理的专业性

资料来源：笔者自制。

二、生产评价中的绩效文化产品日益丰富并获得认证流通

工业财政项目源自政府特定职能系统自主推行的长效实践，从一开始就十分注重规范形成。区别于一些评价活动临时性强、要求零散和缺乏总结等特点，早在启动之初，该项目就依托第三方制定了针对各评价环节的完整工作手册（指引），设计了各类用于过程记录和信息汇总的表格（底稿），同时对绩

效生产单位撰写自评报告的模板、绩效评价单位提交归档的文书做了统一规定；每年评价形成的纸质材料超千份累计 20 余万字、电子记录逾 30G，当中不少还是正式印发的文件（见表 4-2）。用该厅领导的话说："我们不只为了周期性做好评价，而是要在每个细节都创造出规范的产品，把它当成一个持续的产业项目来经营，既有产品开发和改进，也有产品营销和收益。"归结起来，将绩效评价过程产品化至少给他们带去三点好处：一是有迹可循，二是文化积累，三是产品认证与流通。在绩效意识和能力提升的作用下，近年厅内各处室乃至市县、项目单位已自觉参照绩效评价的要求来优化其绩效生产组织，主要是围绕"绩效目标—行动—结果"的链条出台一系列制度文件，统一了绩效信息报送载体，亦即（受评价产品影响）把绩效生产过程也产品化了。符合质量标准的产品方便融入市场。从生产层面看，广东省工业厅的经验模式、制度范本和总结报告等可上报权威部门以获认可，或被借鉴移植到其他地区、部门。从评价层面看，本案制发的评价方案、采集的信息数据、完成的成果报告等可用于市场交易，或为评价机构争取体制认证和同类订单贡献筹码。事实上，这两方面均已有明显建树。

表 4-2　　　　　　典型案例中的财政绩效文化产品及获体制认证情况

产品类型		以工业财政项目为例
绩效生产产品	目标	广东省工业厅关于下达省级专项资金部分项目绩效目标的通知（2019 年前，按年度） 广东省工业厅关于下达省级专项资金部分政策任务项目计划的通知（2019 年、2020 年） 省级专项资金部分政策任务三年行动计划（阶段性） 省级专项资金各项政策任务实施方案或项目申报指南（年度） 省级专项资金各项政策任务资助项目申报书
	过程	省级工业化发展专项资金及部分政策任务实施管理办法 关于加强省级专项资金项目管理的通知 关于对各地市省级专项资金支出进度及合规使用情况开展定期通报的通知 关于做好省级专项资金项目监督检查发现问题整改工作的通知
	结果	省级专项资金各项政策任务计划完成基础数据和情况通报（年度） 各地市省级专项资金项目支出进度、实施进展及完成验收情况（年度） 省级专项资金各项政策任务实施绩效自评报告（年度）
绩效评价产品	方案	广东省工业化发展专项资金绩效评价指标体系（年度） 广东省工业化发展专项资金绩效管理暂行办法 广东省工业化发展专项资金绩效自评工作指引 广东省工业化发展专项资金绩效自评材料审核工作手册 广东省工业化发展专项资金绩效评价现场核查工作手册 广东省工业化发展专项资金绩效评价结果复核与专家论证工作方案

续表

产品类型		以工业财政项目为例
绩效评价产品	实施	各项政策任务资金绩效自评审核发现问题汇总、现场核查记录和问题汇总（年度） 第三方对各政策任务资金项目绩效评价结果的复核意见表（年度） 各地市资金项目管理存在问题汇总；全省示范项目和问题项目情况汇总（年度） 绩效评价结果论证专家个人意见表、专家组综合意见表（年度）
	报告	广东省工业化发展专项资金绩效第三方评价报告（年度） 广东省工业化发展专项资金绩效管理工作情况报告（阶段性）
体制认证情况		1. 将省级专项资金按政策任务切块下达、设定目标指南后由各地市自行分配使用的预算管理模式被其他省直部门参考借鉴 2. 厅主管的多个切块资金在接受省人大常委会、省财政厅等外部监督考评中屡获佳绩，获得省领导肯定性批示 3. 2017 年度绩效管理工作报告经上报获省政府表扬，厅内主导评价模式被其他省直部门学习，经第三方提炼后获评公共管理优秀案例，相关成果在国内权威学术期刊发表 4. 所构建的评价指标体系部分内容被省人大常委会、省财政厅等采纳成为类似评价的通用技术标准 5. 提供服务的第三方机构被评为省重点智库、省人大常委会预算绩效监督咨询服务基地，并被其他省市聘请沿用

资料来源：笔者自制。

民生政策项目是自 2014 年起，专门由省人大常委会每年挑选 2 项重要的省级财政政策，直接委托第三方实施绩效评价（近年被评政策多在教育、扶贫、卫生、环境等民生领域故此称谓）。[①] 不同的是，它对于政府绩效文化产品的培育集中在评价方面：一是通过专家咨询制作了详细的《评价技术需求书》，提供了每年采购招标范本并为兄弟单位参考；二是受托的 H 中心专门开发了适合人大主导模式的新型《评价指标体系》，分为宏观、中观、微观层面并把政策决策、监管和执行单位全部纳入被评，超越了传统评价技术标准，此举衍生了系列重要学术成果，在社会上引起较大反响并被推崇；三是基于几年经验由评价方协助起草、正式出台了《广东省人大常委会开展政策预算绩效第三方评价实施办法》，这是国内首创，无论对制度健全还是实践规范都裨益匪浅；四是整理每年积累的素材形成《广东省预算绩效评价数据库》，至今已有覆盖省市县级的逾 1000 个样本，可付诸更为广泛的应用。相应地，在这些产品及其流通的加持下，H 中心先后获评为广东省重点智库、省人大常委会咨询服务基地及 CTTI 来源智库，体制鉴证也帮助其实现了服务市场向北方扩展。

总体上，文化产品开发作为财政绩效文化资本积累的一种形式，不仅促进

---

①　李艳，林秀玉. 国家治理体系创新与治理能力提升的新探索——广东省人大委托第三方评财政绩效的现实思考［J］. 公共管理学报，2016，13（3）：147－151.

了绩效生产与评价主体成长，推动绩效评价市场发育壮大，还加快了绩效管理专业知识扩散传播，而这正是财政绩效社会秩序良性发展的需要。与此同时，在产品流通、交易营利和体制认证的驱动下，做好产品并不断推新成为生产者本能（评价者开发评价产品也是一种生产）。比之于往常靠规则细化、节点监控和外部督查的机械性绩效生产过程控制，被压抑的技术理性将慢慢复苏为个性洋溢的能动努力，从而使绩效再生产循环焕发情感生机。

三、绩效领先者显现

工业财政项目启动的另一考量，是省工业厅作为省级预算资金切块管理的"大户"，每年都接受各种绩效评价和审计监督。与其被动应对，不如积极作为。通过联合省内评价龙头 H 中心开发自主的绩效评价体系，不仅使其绩效再生产循环的范围扩展至全省工业系统（原来外部评价仅涉及局部），而且持续反复操练增强了各级绩效理解力和行动力。这样，省工业厅很快成为广东省省直部门中实施预算绩效管理的"领先者"，被多个部门学习并由省财政厅提取其先进经验报省政府表扬（2018 年其主管的省级装备产业发展专项资金在接受省人大常委会绩效监督考评中获得罕见高分，并获多名省领导肯定性批示）。通过主动和联动，省工业厅从完全的生产者角色转型成了部分的评价者（规则制定者）。

民生政策项目亦有类似表现。2017 年广东省人大常委会委托评价全省扶贫开发政策绩效的省级主管部门为省农村办。省农村办直属省委，在项目启动时即与评价方商议：一是该系统基层任务重，人手不足，建议简化评价；二是扶贫开发工作自中央到地方已有一套成型的考评机制，近年广东省在全国考评成绩均排前列，且刚完成一次考评，省里有现成的各地材料，建议第三方评价指标适当采纳既有考评内容，在现成材料基础上按需补充。评价方经慎重研究，为得到被评方积极配合，同时结果不与中央考评冲突，对所提建议大部分采纳，保证了评价顺利完成。随后，在省农村办肯定和推介下，评价方又承担了多个地区的扶贫工作考评验收项目。产业基金项目的情况更为极端。全国来讲，针对政府投资引导基金运营开展绩效考评尚处于探索阶段，广东省大部分的该类基金（在省级财政和主管部门监管下）都由同一个国企团队负责按市场化原则运营。显然，生产者的专业性及对具体情况了解远优于评价者。那么，基金运营的绩效考评方案实际是由运营团队跟监管方共同制定（由监管部门发文明确）。绩效生产者在评价规则的建立中起着主导性作用，而评价者需要生产者配合推进评价工作，完成地区先进政绩并开拓同类评价市场。典型案例中的财政绩效领导联动与绩效文化资本扩散见表4-3。

表4-3　　　　　　典型案例中的财政绩效领导联动与绩效文化资本扩散

案例		绩效领导者显现	生产评价者联动	绩效文化资本扩散（定向传播）
联动成功	工业财政项目	生产者自行组织系统内评价，成为绩效管理先进单位	生产者借助省内权威第三方专业力量健全评价体系	生产者成功经验被表扬和推广，商请财政部门接受和认可自设的绩效考评方案
	民生政策项目	生产者体制地位较高，且在上级考评中连续取得优秀；评价者本身专业性强，又受权力机关委托	生产者要求评价者吸纳其经验成为评价标准；评价者得到生产者配合及认可推荐	生产者经验模式进入评价体系；评价者带着该体系承担更多项目和占据市场（成为同类评价的通行规则）
	产业基金项目	生产者地位具有垄断性，经验超越评价者	评价者需生产者配合推进评价探索以取得政绩；生产者需在评价中连续获优以争取资源；生产评价合作完成地区先进政绩	生产者参与评价规则的制定，借助评价者持续推广应用

资料来源：笔者自制。

四、财政绩效社会秩序总概及其受体制、技术环境的影响

财政绩效社会秩序发展的目的，是在政府乃至全社会形成尊重绩效、崇尚与追求绩效的意识和行为能力。透过多个案例绩效再生产系统的微观检视，综合前述三个维度，可获得对当前我国财政绩效社会秩序水平的概览（见表4-4），显然不同评价类型差异明显。

表4-4　　　　　　不同评价类型的财政绩效社会秩序发育水平

评价类型	生产评价者绩效管理能力自觉	绩效文化产品不断丰富	权威体制认证与市场流通	政府绩效社会秩序生成（体系扩张与内部分化）
财政资金绩效评价	对绩效管理理解力、认同度较高，生产评价系统绩效行为能力、资金绩效产出普遍有提升，已形成普遍自觉但存在地区差异	生产评价者开发的绩效文化产品类型丰富，快速出新	生产评价者及其产品获权威体制认证的渠道畅通，频率稳定，产品可在市场自由流通	生产者与评价者体系基本成型，覆盖全国大部分地区和行政层级、资金使用单位、第三方、专家、群众，已有明确内部分化（领导者形成）

续表

评价类型	生产评价者绩效管理能力自觉	绩效文化产品不断丰富	权威体制认证与市场流通	政府绩效社会秩序生成（体系扩张与内部分化）
部门整体支出绩效评价	对绩效管理理解力、认同度一般，参与者绩效行为能力、部门绩效产出有所提升，仅在特定条件下形成自觉	生产评价者开发的绩效文化产品类型较多，可见出新	生产评价者及其产品有获权威体制认证的渠道，频率不稳定，产品可在一定范围流通	生产者与评价者体系部分成型，覆盖全国部分地区/行政层级的部分政府部门、第三方、专家、群众，少量内部分化
财政政策绩效评价	对绩效管理理解力、认同度一般，参与者绩效行为能力、政策绩效产出有所提升，但未形成自觉	生产评价者开发的绩效文化产品类型较多，可见出新	生产评价者及其产品有获权威体制认证的渠道，频率不稳定，产品可在一定范围流通	生产者与评价者体系少数成型，覆盖全国少数地区/行政层级的部分政府部门、第三方、专家、群众，少量内部分化
其他绩效评价类型	对绩效管理理解力、认同度较低，参与者绩效行为能力和绩效产出有所提升，未形成自觉	生产评价者开发的绩效文化产品类型很少，近期才见出新	生产评价者及其产品获权威体制认证的渠道刚刚开发，频率较少，产品流通范围小	生产者与评价者体系基本未成型，仅覆盖全国个别地区/行政层级政府（部门）、第三方、专家、群众，内部未分化

　　注：其他绩效评价类型包含但不限于政府性基金运营绩效评价、一级财政收支综合绩效评价、重大财政决策绩效事前评价等。

　　资料来源：笔者整理。

　　一是财政资金绩效评价相关的社会秩序发育较好。以财政支出决策、使用和监督的责任主体为评价对象，从中央到地方已有十五年的实践。尽管纳入评价范围的资金占总支出比重不高，但参与者几乎覆盖了各个行政层级和地区。经过多年循环，生产评价系统对绩效的理解、认同及实践自觉性都已较深（当然不同层级、地区有差距，如华南广东省比华北河北省总体领先，但后者也有长处）。其主要原因：主管部门较早有统一的工作部署和技术指南（《财政支出绩效管理暂行办法》等），近年又以法律的效力加以明确（《预算法》《中共中央国务院关于全面实施预算绩效管理的意见》等）；财政资金管理问题多发，社会关注和监督诉求倒逼有关主体增强绩效改进的动力；财政支出目标与监管规则明确，绩效评价技术相对成熟且不断进步。

　　二是财政政策、部门整体支出等其他类型评价秩序尚处于发育初期。财政政策绩效评价包含跨部门、跨层级对象，部门整体支出绩效需由体制外评价主体独立开展，再加上政府性基金运营、一级财政综合支出等都是中央要求新增纳入绩效评价的类型。尽管这些年已有若干地区展开先行探索（社会有诉求），但其技术标准、组织机制乃至结果应用等规则尚不成熟（甚至还未明确），生产评价系统和社会公众都需进一步理解和适应。伴随央地财税关系理顺及现代财政制度建设加速，更多此类实践将会在不长的时间内涌现。

在此基础上，绩效再生产循环位于开放的社会系统中，主体、技术、环境互动会对财政绩效社会秩序的发育造成重要影响，其中又以体制环境和技术条件两项因素最为关键。一方面，绩效规则借助体制力量对绩效评价形成制约，另一方面，绩效评价内生的技术创新可能使之在一定程度上超越制度环境。技治主义者相信技术存在自我强化的趋势，评价技术更新迭代是其内在逻辑的必然，当然也有外部诉求的作用。正是在技术系统内外驱动力的共同作用下，财政绩效评价技术演进可能对既有体制约束造成突破。比如原来政府扶持工业企业发展基本采用直接补贴方式，现在股权投资、产业基金、事后奖补等诸多新机制被发明；对这些新型项目的绩效评价需将原有技术加以革新——从财政部门主导评价到主管部门自评、人大监督评价，从资金使用绩效到资金整体绩效评价，从阶段性评价到无间断评价，从有重点评价到全息性评价，包括专家评议乃至事前绩效（风险）预测、计算机仿真实验、经济学演化分析等前沿科技都纳入广泛探索。财政绩效社会再生产内含治理主体多元化的技术需要，新生代评价技术应用或使评价权力部分向社会主体和技术理性转移，这一过程强化的是以民主监督财政为标志的绩效评价价值理性。

第五章 人大主导的财政支出
绩效评价实证方案

——以 N 省"先进装备制造"专项资金为例

逻辑上，评价体系的功能取决于其实践价值的发挥，因为理论的科学性并不等于操作的可行性。就人大主导的财政绩效评价而言，尽管基于前文构建，要把它真正付诸应用、发挥财政监督效能仍依赖一系列的现实条件。为有效平衡复杂环境中的矛盾因素，需针对特定的实践语境、依据特定评价目的和需求，使评价体系实现可操作化。尽管有关财政收入绩效管理的探讨更多停留在理论层面，但以作者参与的多省经验为例，每年由省人大常委会发起并主导的、人大直接委托第三方实施省级重要财政支出绩效评价可称为在这一领域的典型个案。显然，对应不同的被评资金，前述技术和组织体系都需做出个性化的调整，形成评价实证方案。

本章即以 N 省人大 2017 年委托第三方评价的省级促进中西部先进装备制造业发展专项资金（简称"先进装备制造"专项资金）为窗口，具体展示人大主导财政支出绩效评价体系的实证化过程。之所以选择该案例：一是其资金额度大，扶持方式多元，相应的评价方案设计较完整，具有典型性；二是其评价报告获得省部级领导肯定性批示，并被有关省直部门采纳应用，凸显成果的决策参考价值。

第一节 评价背景和目的

经过改革开放近四十年的发展，中西部地区已成为 N 省重要的装备制造业生产基地，包括初步形成了产业特色鲜明、具有一定规模和技术水平的装备制造业体系。但与国内外先进地区相比，竞争优势尚不明显，主要体现在自主创新能力较弱、核心零部件受制于人、行业集中度不高、产业体系不健全等。

考虑国际先进装备制造业加工制造组装环节持续向发展中国家转移的形势，以及全省乃至全国工业化、城镇化加速发展对于重大技术装备和高端装备制造业形成增量需求，国家已将高端装备制造业列为重点培育的战略性新兴产业，对其自主研发与技术创新的扶持力度进一步加大。

为加快产业转型升级、转变经济发展方式及提供全省实现"三个定位、两个率先"总目标的有力支撑，2014年8月，N省省委、省政府决定在中西部地区建设先进装备制造产业带。时任省委书记、省长等多次主持召开专题会议研究部署，作出重要批示，大力推动有关各项工作落实。当年10月，省政府办公厅出台《关于加快先进装备制造业发展的意见》，次年1月印发《N省先进装备制造产业带布局和项目规划（2015—2020）》（简称"装备产业规划"），省直有关部门、"中西部"各地也陆续制定了系列相应的扶持措施。

在财政政策方面，为落实《关于加快先进装备制造业发展的意见》，省经信委联合省财政厅制发了《关于扶持中西部先进装备制造业发展的财政政策措施（2015—2017）》，计划在实施期内安排省级财政资金143亿元，减免税费约107亿元，合计250亿元。重点支持中西部具有自主知识产权的先进装备制造业项目落地，引导扩大产业规模，推动产业集聚；力求到2018年把中西部建设成为国内领先、具有国际竞争力的先进装备制造业基地。截至本次评价时，省级新增安排143亿元财政资金已筹集到位。其中：支持首台（套）装备研发与使用、支持工作母机类制造业项目、支持先进装备制造业集约集聚发展、支持优质项目落地建设等"先进装备制造"专项资金合计共84.55亿元（见表5－1）。

表5－1　　　　　　省级"先进装备制造"专项资金年度安排情况　　　　　单位：亿元

资金模块	主管（责任）单位	2015年	2016年	2017年	合计
先进装备制造专项资金（含工作经费）	省经济和信息化委	34.46	28.00	22.09	84.55

资料来源：笔者自制。

本项评价受N省人大常委会专项委托，为省人大常委会2017年监督工作计划的重要组成部分，亦作为省人大加强履行预算监督职能、推进重要财政资金绩效监督常态化及制度化的有力体现。评价指向N省促进中西部先进装备制造业发展资金（政策）实施的整体绩效，包括资金管理绩效、使用绩效和监督绩效，旨在"评估水平、识别问题、剖析原因、厘清权责、驱动进步"；

并且基于人大特殊的权力地位和制度优势，评价更关注报告的宏观性、整体性及前瞻性，以为全省财政资源分配与决策机制优化提供了科学依据。

第二节　评价范围与对象

一、评价范围

依据省级财政预算安排情况，考虑到资金拨付与项目实施周期等因素，纳入本次评价范围包括 2015～2016 两个年度"先进装备制造"专项资金共62.46 亿元，其中 2015 年为 34.46 亿元，2016 年为 28 亿元，覆盖了 N 省中西部"六市一区"共 238 个子项目。① 各地大致资金分配情况见表 5 - 2。

表 5 - 2　　　　2015～2016 年"先进装备制造"专项资金按地市分配情况　　　单位：万元

序号	地区	2015 年	2016 年	合计
1	C 市	66258.97	65507.44	131766.41
2	F 市	87833.62	64745.82	152579.44
3	Z 市	46095.80	35662.17	81757.97
4	J 市	40679.80	32114.41	72794.21
5	Y 市	20210.00	14401.60	34521.60
6	Q 市	40088.70	30783.69	70872.39
7	S 区	42988.37	35884.87	78873.24
8	省经信委	310.00	650.00	960.00
9	省商务厅	250.00	250.00	500.00
	合计	344625.26	280000.00	624625.26

注：（1）G、U 两市加入时间较晚，2015～2016 年未分配资金；（2）省经信委、省商务厅负责部分资金用于项目评审管理相关工作，列入评价范围但不具体抽查。

资料来源：本表根据被评单位提供的资料由笔者整理自制。

进一步地，考虑到"先进装备制造"专项资金采用分专题模块化方式管理（见表 5 - 3）。主要分为两种类别（扶持方式）：一是支持首台（套）装备研发与使用、首台（套）装备保费补贴、企业科研费用补助和重大科研成果奖励 3 个专题为纯事后奖补性质，依据统一政策条件或标准进行前置审查后给

---

① 不含"支持先进装备制造业集约集聚发展专题"由地市自行落实扶持项目数。

予补贴，不再考察奖补资金的后续使用和效益发挥情况；二是支持工作母机类制造业发展、支持优质项目落地与公共服务平台建设、支持先进装备制造业集约集聚发展 3 个专题，尽管涉及事后奖补机制，但以具体项目为载体，并部分采用股权投资、贷款贴息等方式实施，故需进一步延伸考察资金的落实使用和效益发挥情况。本次评价中，对这两种方式管理的资金采取适当区别、有针对性的方案进行评价。

表 5 - 3　　　2015～2016 年"先进装备制造"专项资金分专题下达情况　　单位：万元

序号	专题名称	管理方式	2015 年	2016 年
M1	支持首台（套）装备研发与使用	地市组织评审后报省复核	9630.76	7015.33
M2	支持工作母机类装备制造业发展	因素法下达地市，自行组织评审后落实使用	170910.00	100000.00
M3	支持优质项目落地与公共服务平台建设		70624.50	77100.00
M4	支持先进装备制造业集约集聚发展	省评审后奖补给地市，由地市自行组织使用	90000.00	80000.00
M5	企业科研费用补助和重大科研成果奖励	因素法下达地市，自行组织评审后落实使用	900.00	10000.00
M6	首台（套）装备保费补贴		0	2984.67
M7	重点工作经费（含招商引资）	主管部门按实际工作需要开支	2560.00	2560.00
	资金评审管理费用		0	340.00

资料来源：根据被评单位提供的资料由笔者整理自制。

二、评 价 对 象

财政资金绩效评价对象为涉及资金管理和使用的责任主体，包括资金管理者、使用者和监督者，分别对应资金管理绩效、使用绩效和监督绩效。以本专项资金为例，本项评价对象划分如下：

一是资金主管部门。"先进装备制造"专项资金的省级主管部门为省经济和信息化委，其下涉及 N 省中西部六市一区的经济和信息化部门。资金的主管部门负有确定和提供年度资金分配计划、组织项目申报与评审、指导和监督项目实施、落实项目验收等责任。在此次第三方评价工作中，应按要求布置及督促相关资金使用单位的自评，完成本部门绩效自评报告，汇总递交有关资料，并协助第三方评价机构开展对项目的书面评审与现场核查。

二是资金使用单位。包括获得 2015～2016 年度"先进装备制造"专项资金资助的全部项目单位。资金使用单位的责任是：科学论证与申报项目，按规定管理和使用资金，按计划完成项目及实现既定目标等。此次第三方评价工作中，应严格按照要求完成绩效自评报告，如实提供相关佐证材料，接受第三方评价机构的现场核查。

三是资金监督部门。即财政部门，需会同资金主管部门共同确定年度资金分配计划，共同组织项目验收，按时拨付资金。在此次第三方评价工作中，应协调有关工作的开展，提供被评价资金信息，帮助第三方机构与资金主管部门及用款单位建立工作联系，完成自评报告。

第三节　评价原则与依据

一、评价理念及原则

扶持特定产业发展是公共财政应履行的必要职责，在这个意义上，投入资金仅为载体，更关键的是政府行为边界设定与财政政策科学设计。财政资金（政策）绩效评价指基于结果导向和公众满意度导向，运用科学方法、规范流程、相对统一的指标及标准，对财政资金支出（政策执行）的产出与效果进行综合性测量分析。它构成监督和评价财政支出（政策）决策科学性、操作可行性、监管有效性及执行合规性的技术工具，旨在衡量整体绩效（目标实现程度）、发现问题、剖析原因及优化政策（提升绩效），服务于财政公信力与执行力改善。

基于评价的宏观性、整体性、前瞻性和政策效应考虑，将重点考察三个层面：一是宏观层面对资金（政策）立项决策及管理办法设定目标的科学性与可行性；二是中观层面对资金（政策）落实、管理与监督的有效性；三是微观层面对资金使用（政策执行）的合规性及目标完成情况。同时，评价尝试触及和理顺更为核心的问题：一是财政资金（政策）管理机制与现行财政体制环境的关系，二是资金（政策）过程控制与结果导向的关系，等等。

作为评价的基本原则：一是贯穿第三方、财政政策、专项资金、绩效评价等核心理念，与会计、稽查、审计等比较形成自身特色；二是统一技术体系（指标/权重/评分），方便操作，规范流程，保持单位自评、书面评审和现场核查所用指标一致、过程衔接及重点有别，各级单位绩效自评报告统一量表、简洁规范、各有侧重；三是优化工作流程，为减少现场核查工作量，在自评审核基础上，以属地情况（经济发展水平、区位等）、资金情况（金额、用途、支出率等）、项目情况（实施进度、完成质量、社会经济效益等）及审核绩效得分为现场抽样的配额条件，确保核查的代表性；四是以社会满意度作为衡量资金管理和监督绩效的重要"产出"，更加关注满意度调查的技术方法与实际操作；五是强化报告的专业性，体现评估水平、发现问题、提供对策的分析框架与分析方法。

二、评价标准及依据

按照"装备产业规划"，N 省促进中西部先进装备制造业发展财政资金（扶持政策）的总体绩效目标：一是产业规模跃上新台阶，到 2017 年中西部规模以上装备制造业实现产值 15000 亿元，年均增长约 15%，其中智能制造装备、船舶与海洋工程装备、节能环保装备、轨道交通装备、通用航空装备、新能源装备、汽车制造、卫星及应用等先进装备制造业占规模以上装备制造业的比重超过 40%；二是创新能力大幅提升，到 2017 年 R&D 支出占装备制造业增加值比重达到 2.7%，骨干企业研发经费投入占销售收入比重达到 5% 以上，骨干企业产品水平达到国内先进水平，初步形成以企业为主体的先进装备技术创新体系；三是产业链培育逐步完善，到 2017 年初步形成智能制造装备、船舶与海洋工程装备、轨道交通装备、通用航空装备等重点产业链，形成 10 个产值超 100 亿元的先进装备制造产业集群；四是产业组织结构进一步优化，到 2017 年形成 3~5 家销售收入超 100 亿元的先进装备制造业骨干企业。

与此同时，"装备产业规划"以附件形式明确了产业建设《重点工作任务分工表》。省经信委通过《关于印发中西部先进装备制造产业带建设 2016 年工作要点的通知》进一步明确了 2016 年的绩效目标为：一是实现装备制造业增加值达到 2938.8 亿元，增长 12%，其中工作母机类制造业增加值增长 15%；二是新引进投资额超 1 亿元的装备制造业项目 200 个；三是推进 120 个投资额超 1 亿元项目新开工建设；四是完成装备制造业投资额达到 1398.5 亿元，增长 20%。应该说，这四个方面目标是中西部先进装备制造产业带做大做强的关键要求，也是财政资金提供支撑的重要体系。并且，装备制造业增加值、装备制造业投资额、新引进（新开工、新投产）装备制造业项目数还将根据各地实际情况落实分解到中西部"六市一区"。显然，这些目标构成了我们设计评价技术体系和实施绩效评价的重要依据。

作为评价依据：党的十九大报告最新强调要"全面实施预算绩效管理"，

《预算法》亦要求"人大在预算绩效管理方面有所作为"；本项评价直接受省人大常委会委托，《N省人大常委会关于开展预算资金支出绩效第三方评价的实施办法》构成评价实施的具体行动指南。

第四节　评价指标体系

制定科学的评价技术体系是保证评价结果客观有效的前提，而指标体系作为评价技术体系的核心。在此前工作中，N省人大常委会与第三方机构共同研发了科学可行的评价指标体系。该体系将财政专项资金整体绩效划分为自评组织质量、资金管理绩效、资金使用绩效和资金监督绩效4个维度（见表5-4）。其中自评组织质量采用材料完整性等3项指标，资金使用绩效评价指标体系由从前期工作、实施过程、目标实现3项一级指标和对应的9项二级指标、15项三级指标组成，由第三方课题组评审；资金管理绩效采用资金设立的必要性等6项指标，资金监管绩效采用明确监督职责等6项指标，由第三方组织专家评审。各项指标权重已根据专家咨询调查结果确定，并经评价实践验证。应该说，这一体系具有比较广泛的适用性，可作为本次评价的重要蓝本。

表5-4　　　　N省"先进装备制造"专项资金绩效评价指标体系　　　　单位:%

评价维度（方式/权重）	一级指标 名称（权重）	二级指标 名称	权重	三级指标 名称	权重	指标说明（评分标准，按100分制）
自评工作质量（课题组评审，占总评分10%）		材料完整性	30			基础信息表占15分、指标自评分表占15分、自评报告占30分、佐证材料占40分
		报送及时性	30			在2019年3月份提交得90分以上，4月份提交得80~90分，5月份及以后提交得80分以下
		材料有效性	40			根据各级资金主管部门与项目单位提交自评报告的质量及提供佐证材料充分性评分
资金管理绩效（专家评审，占总评分30%）		资金设立必要性	15			（1）专项资金整体设立依据占30分，资金设立有明确依据（如法律法规、上级文件、领导批示、会议决议等）得30分，否则酌情扣分（2）符合公共财政投向占30分，从政府与市场、社会关系及行为边界等角度考虑，视实际情况评分（3）实施方案与论证占40分，有完整的实施方案及可行性研究报告（论证充分）得30分以上，实施方案或可行性论证欠充分得10~30分，无方案或论证得10分以下

续表

评价维度（方式/权重）	一级指标名称（权重）	二级指标名称	权重	三级指标名称	权重	指标说明（评分标准，按100分制）
资金管理绩效（专家评审，占总评分30%）		目标设置科学性	15			（1）专项资金整体绩效目标完整占40分：有绩效目标得20分以上，目标笼统得20~30分，目标清晰得30~40分 （2）专项资金整体绩效目标具体化占30分：没有目标得0分，有总目标但没有具体目标得20分，有总目标和阶段性目标得30分，有具体的产出数量、质量及成本等目标得40~60分 （3）专项资金整体绩效目标值合理占30分，合理可实现并提供论证依据得25分以上，合理但不能提供依据得20~25分，部分合理得5~20分，严重不合理得5分以下
		管理办法可行性	20			针对专项资金整体： （1）制定资金管理办法（项目指南、指导意见、实施细则等）占40分，视其内容完善及可操作性评分 （2）健全财务管理、资金/项目监管上的其他要求占60分，视其内容健全及可操作性评分
		专项资金公共属性	15			（1）专项资金性质（设立依据）占40分，属国家基本政策或重点社会保障投入得30分以上，属政府职能或公共服务开展经费得30~40分，属对经营性领域资助得20分以下 （2）专项资金资助对象占30分，资助弱势群体（如城乡困难群众）得20分以上，资助政府职能部门（含事业单位）得10~20分，资助市场主体（如企业）得10分以下 （3）资金外部效应占30分，产生正的外部效应（如引导、示范作用）得10分以上，产生负的外部效应（如不公平）得10分以下
		总体目标实现程度	20			（1）专项资金整体目标完成进度30分，其中目标完成占20分，按计划进度实施占10分 （2）专项资金整体目标完成质量30分，根据完成质量及未完成理由综合评价（凡属各级主管部门和项目单位原因未按计划完成的，视情况严重扣分） （3）专项资金整体目标预算控制20分，完成并未超预算得满分，超支按比例扣分 （4）专项资金整体目标社会经济效益占20分
		专家满意度	15			对应专项资金内容设计满意度调查问卷，根据专家调查结果评定
资金使用绩效（现场核查，占总评分60%）	前期工作（20）	前期研究	7	论证与申报	7	具体支出项目是否进行了充分的可行性论证，是否按规定程序申报、接受评审及获得批复
		目标设置	6	目标完整性	3	具体支出项目是否设置明确的绩效目标，能够体现专项资金总目标的要求

续表

评价维度（方式/权重）	一级指标	二级指标		三级指标		
	名称（权重）	名称	权重	名称	权重	指标说明（评分标准，按100分制）
资金使用绩效（现场核查，占总评分60%）	前期工作（20）	目标设置	6	目标科学性	3	具体支出项目目标设置合理、细化量化程度，并与项目属性、特点、内容相关
		保障机制	7	组织机构	3	具体支出项目实施机构是否健全、分工是否明确
				制度措施	4	具体支出项目是否制定了相应的资金、项目管理制度以及项目实施方案（计划）
	实施过程（30）	资金管理	17	资金到位	5	具体支出项目资金的到位情况，包括到位比率及到位及时性
				资金支付	4	具体支出项目中各类资金的实际支出情况
				财务合规性	8	具体项目资金支出规范性（资金管理、费用支出等制度是否严格执行）；会计核算是否规范（支出依据不合规、虚列项目支出；截留、挤占、挪用资金；超标准开支等情况）
		项目管理	13	实施程序	8	具体项目实施过程是否规范，包括是否符合申报条件；申报、批复程序是否符合相关管理办法；项目招投标、调整、完成验收等是否履行相应手续等
				项目监管	5	主管部门对项目的检查、监控、督促等管理情况
	目标实现（50）	经济性	5	预算（成本）控制	5	具体项目成本（预算）控制、节约等情况
		效率性	10	完成进度及质量	10	具体项目实施（完成）的进度及质量等情况
		效果性	30	社会经济效益	25	具体项目实施直接产生的社会、经济效益，主要通过个性指标完成情况得以反映
				可持续发展	5	具体项目完成后，后续政策、资金、人员机构安排和管理措施等持续性，以及项目实施对环境资源影响

续表

评价维度 （方式/权重）	一级指标 名称 （权重）	二级指标 名称	权重	三级指标 名称	权重	指标说明 （评分标准，按100分制）
资金使用绩效（现场核查，占总评分60%）	目标实现 （50）	公平性	5	公共属性	5	具体项目与增加公共利益、公共福利和保障公共安全方面的关联程度，实施是否引起纠纷、诉讼、信访、上访甚至违法犯罪，一般以社会满意度调查为手段
资金监督绩效（专家评审）	明确监督职责、制定监督办法、采取监督措施、及时下达资金、审批资金支付、违规项目问责等6项指标。					

资料来源：笔者自制。

作为本次评价的重点与难点问题，由于微观层面的资金使用绩效在调整评分内容的基础上，对应社会经济效益指标在操作上仍然仅具导向性，需要进一步结合资金特点和绩效目标设计个性化的四级指标。针对"先进装备制造"专项资金，考虑其分专题安排及使用的情况，我们的思路是在设计四级指标时采取分专题设置的范式（见表5-5），并依据不同专题实施内容区分资金管理绩效和使用绩效两个层面评价任务。这一做法的优点，是使我们能够在保持整体指标框架相对统一的前提下，针对不同专题资金绩效目标的实现程度做出有效评价。

表5-5　　　　"先进装备制造"专项资金绩效评价四级指标表　　　　单位：%

专题序	四级指标	权重	指标说明与评分标准
M1 M2 M6	装备技术性能	9	（1）设备技术先进性占50分，达到国际领先水平得40~50分，达到国内领先水平得30~40分，达到省内领先水平得20~30分，否则得10分以下 （2）设备性能完善度占50分，基本达到理想完善程度得40~50分，与理想存在一定差距得20~40分，处于初级（起步）阶段得10分以下
	装备投产应用情况	8	（1）设备/技术投产占60分，已较大规模量产得50~60分，小规模量产得40~50分，样机（样品）试产得30~40分，样机（样品）成型但未试产得20~30分，研发未成型得10分以下 （2）设备/技术产销率占50分，销售—生产比率在80%以上得50分，产销率在50%~80%得40分，产销率在30%~50%得30分，产销率在10%~30%得20分，产销率为0不得分

专题序	四级指标	权重	指标说明与评分标准
M1 M2 M6	装备市场 前景	8	（1）预期产量/产值年均增速占40分，未来3年预期年均增速超过20%得40分，增速在10%～20%得30分，增速在0～10%得20分，预期无增长得0分 （2）在同类产品中的预期市场占有率占40分，未来3年预期占有率达到30%以上得40分，达到在20%～30%得30分，达到在10%～20%得20分，在10%以内得10分 （3）预期业绩的依据或保障占20分，依据或保障很充分得20分，有一定依据或保障得10分，依据或保障不充分得10分以下
M4 M5	项目/单位/ 地区研发或 经营业绩	9	（1）研发业绩，获得国际/国家级成绩认定得100%分数，获得地区/省级成绩得80%分数，获得市（区）级成绩得60%分数，获得其他成绩得50%以下分数 （2）经营业绩，近两年年产值平均增速超过100%得100%分数，平均增速在100%以内得相应比例分数，增速为负得0分
	项目/单位/ 地区对当地 产业贡献度	8	通过其对当地相关领域（产业）发展的示范带动作用评分，作用很大得80～100分，作用较大得60～80分，作用一般得30～40分，作用较小得20～30分，基本无贡献得0分
	项目/单位/ 地区未来 发展前景	8	通过相关业绩的发展潜力或其成果产品的预期产值/销售额/市场价值等评分，潜力很大或预期增幅在100%以上得80～100分，潜力较大或预期增幅在50%～100%得60～80分，潜力一般或预期增幅在20%～50%得40～60分，潜力较小或预期增幅在20%以下得40分以下
M3	项目/平台 总体建成度	9	（1）当前建设进展占70分，按预期计划完成得60～70分，部分完成得30～60分，基本未完成得30分以下 （2）与未来理想规划相比占30分，基本达到理想完善程度得20～30分，与理想存在一定差距得10～20分，处于起步阶段得10分以下
	项目/平台 经营效益	8	（1）总产值或销售额变化占50分，比上年增长20%以上得50分，增长10%～20%得40分，增长0～10%得30分，基本无增长得20分，下降超过10%得0分 （2）技术设备先进性占50分，达到国际领先水平得50分，达到国内领先水平得40分，达到省内领先水平得30分，否则得20分以下
	项目/平台 带动效应	8	（1）示范带动作用占60分，通过其对当地相关产业发展贡献度评分，贡献很大得50～60分，贡献较大得40～50分，贡献一般得30～40分，贡献较小得20～30分，基本无贡献得0分 （2）项目/平台发展前景占40分，通过其预期产值/销售额/市场占有率等变化评分，预期年均增幅在20%以上得40分，增幅在10%～20%得30分，增幅在0～10%得20分，预期无增长得10分以下

续表

专题序	四级指标	权重	指标说明与评分标准
M7	工作完成质量与成绩	9	按计划和上级要求完成工作或提供服务占60分，工作业绩或服务质量（如获得领导肯定等）占40分，视实际情况酌情评分，如不能提供相应佐证材料最少扣10分
	企业/社会服务效果	8	根据提供服务的实际效果酌情评分，服务效果很好得90~100分，较好得70~90分，一般得50~70分，较差得50分以下，如不能提供相应佐证材料最少扣10分
	工作经验总结与推广	8	形成有益工作经验占60分，工作经验推广占40分，视实际情况酌情评分，如不能提供相应佐证材料最少扣10分

资料来源：笔者自制。

在此基础上，进一步考虑按不同扶持方式落实的项目，其用款单位和资金主管部门实际所需承担的责任有很大区别。例如，"事后奖补"类项目不需再考察奖补资金的后续使用和效益发挥情况，反而应关注各级资金主管部门是否有效地遴选出所有符合奖补条件的项目并按标准及时给予补助；但股权投资、贷款贴息类项目则需重点考察资金落实和使用效益。我们在用款单位自评和第三方评价时，要求先根据项目所属扶持方式查找确认适用的评价指标（见表5-6），不适用的指标不需评分，计算总分时根据适用指标权重之和换算成百分制。

表5-6　　　　　不同扶持方式项目适用评价指标对照

二级指标	三级指标	A. 股权投资	B. 事后奖补	C. 保费补贴	D. 贷款贴息	E. 工作经费
前期研究	论证与申报	√	√	√	√	×
目标设置	目标完整性	√	√	×	√	√
	目标科学性	√	√	×	√	×
保障机制	组织机构	√	√	√	√	√
	制度措施	√	√	√	√	√
资金管理	资金到位	√	√	√	√	√
	资金支付	√	×	√*	√*	√
	财务合规性	√	×	√*	√*	√
项目管理	实施程序	√	√	√	√	√
	项目监管	√	√	√	√	√
经济性	预算（成本）控制	√	√	×	√	√
效率性	完成进度及质量	√	√	√	√	√

续表

二级指标	三级指标	A. 股权投资	B. 事后奖补	C. 保费补贴	D. 贷款贴息	E. 工作经费
效果性	社会经济效益	√	√	√	√	
	可持续发展	√	√	√	√	√
公平性	社会满意度	√	√	√	√	√

　　注：对保费补贴、贷款贴息项目有＊号标记的格，如为"用款单位先付后贴"或"财政直接支付给金融（保险）机构"形式，则用款单位不需要进行"资金支付""财务合规性"2项指标自评，如为"财政先贴给用款单位再由其支付给金融（保险）机构"形式，则需填报按标准支付利息的情况及提供佐证材料。

　　资料来源：笔者整理。

　　对于资金整体绩效构成，亦参照专家咨询调查结果，其中自评工作质量、宏观层面资金管理绩效和微观层面资金使用绩效三者权重分别为10%、30%、60%；无论在资金管理绩效还是资金使用绩效层面，单位自评结果皆不计入资金整体绩效评分。并考虑到不同评价方式覆盖面的不同，微观层面资金使用绩效评分由自评审核（针对所有用款单位及主管部门，占30%）与现场核查（针对抽查用款单位及主管部门，占70%）两部分合成。

第五节　评价流程与方法

　　评价主要采用目标与实施效果比较的方法，并在技术层面，结合了定性评价与定量评价、指标评价与模糊评价、主观评价与客观评价、单位自评与专家评价等多种方法，力图实现评价结果的客观真实及科学有效，增强评价的公信力。从操作上讲，财政资金（政策）绩效评价一般包括单位自评、书面评审和现场核查三个主要环节，具体内容如下（见图5-1）。

　　一是单位自评。要求各级资金主管部门和用款单位提供基础信息表、自评报告与关键佐证材料。各被评单位均需对自评材料的完整性、规范性与真实性负责，其中资金主管部门应对辖区内用款单位或下级主管部门报送自评材料进行审核，在汇总、核实材料信息的基础上，形成规范（针对整体分析）的自评报告。评价方以各单位自评分为数据源，得到全省项目绩效自评结果，并按属地、层级、指标等进行结构分析，作为下一阶段评审工作的重要参考。

　　二是书面评审。审核各被评单位报送自评材料的完整性、及时性和内容有效性。包括：是否按照评价要求及时提供自评材料；资金分配、管理和使用是否符合资金管理办法的规定与要求，是否存在违规、违纪甚至违法的行

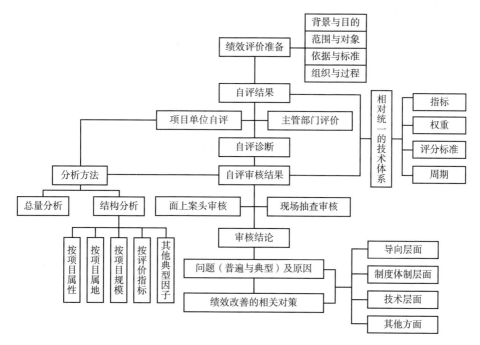

图 5 - 1　财政资金绩效评价报告结构与内容

资料来源：笔者自制。

为；立项申报（计划）的绩效目标是否实现，以及所取得的社会经济效益；等等。书面评审重点考察专项资金的产出（"做了什么"）和效益（"做得怎么样"），并通过审核评分与单位自评结果形成对照，从中发现差异及问题，为遴选出一定数量的、覆盖全省代表性区域的典型项目进行现场核查提供依据。

三是现场核查。现场核查的目的：一是为弥补自评材料中对资金投入、实施过程与目标实现等情况反映的不足；二是对重点项目实施进展与绩效结果进行跟进，对优秀项目（地区）管理经验进行总结；三是以现场核查样本为代表，通过对其材料质量、管理过程及绩效完成等方面重点考察，形成现场评分，作为书面评审结果的补充。现场核查一般采取答辩会与现场勘验的方式，由对应项目内容的财务、管理和技术三个领域资深学者、研究人员或实务专家组成核查小组。

四是补充咨询。本次评价指向"先进装备制造"专项资金（政策）绩效，涉及产业规划、资金分配、扶持方式等复杂问题。评价过程中发现，站在不同立场对同一问题可能持有迥异的看法。为进一步厘清问题的症结，剖析原因及为后续该领域政府资助方式的优化提供有效建议，经省人大常委会同意，将由评价方在整理基础资料的基础上，归纳重点关注的若干问题并以书面方式向省级主管部门补充咨询。省级主管部门的答复构成评价的重要参考。评价方于2017年10月20日向省经信委发函，共列10项问题补充咨询其意见。省经信委于2017年10月26日前给予书面回复。

五是数据分析与报告撰写。评价报告分为专项简报与专业报告两个版本，后者对前者进行专业论证和技术补充。按《评价实施办法》要求，评价报告的主要内容应包括评价背景、评价对象概述、评价依据、评价指标体系、评价流程、材料分析总体情况、现场核查总体情况、评价指标分析、评价结论、主要成绩、存在问题、原因分析、意见建议等，并附有关数据表格为证。作为专业报告，我们力图将发现的问题梳理成不同层面，分别对应三个层次的评价重点，具体为涵盖了政策设计与资金分配合理性、绩效目标设置与相关规则可行性、资金下达与支付过程对管理制度的执行情况、财政及主管部门对资金监管的有效性、总体计划完成进度与绩效目标实现等环节内容。

第六节　其他评价说明

一、现场核查抽样计划

2015～2016年"先进装备制造"专项资金共下达给中西部"六市一区"，涉及238个子项目（未含地市自组织项目数）。根据委托方要求，评价应按不小于30%的资金比例抽取项目进行现场核查。为此，评价方综合考虑必要性、可行性等因素，并按属地情况（经济发展水平、区位等）、资金情况（金额、用途、支出率等）、项目情况（实施进度、完成质量、社会经济效益等）及书面评审绩效等条件，最终在全省范围内抽取43个子项目作为现场核查样本（见表5-7）。这一核查方案的考虑：一是从地域分布来看，覆盖中西部"六市一区"及各个资助专题以便比较，样本量适当向典型地区和重要专题倾斜；二是各地市各专题抽查项目数按比例控制最小样本量，确保覆盖各种扶持方式类别及资助金额大、中、小分布；三是对"支持先进装备制造业集约集聚发展"专题由各地市自行组织实施的项目，视现场实际延伸抽查。

表 5 - 7　　　"先进装备制造"专项资金绩效评价现场核查抽样表

地区	总量		抽样		分专题（个）						
	项目	金额（万元）	项目	金额（万元）	M1. 支持首台（套）装备研发与使用	M2. 支持工作母机类装备制造业发展	M3. 支持优质项目落地建设	M4. 支持先进装备制造业集约集聚发展	M5a. 科研费用补助	M5b. 重大科研成果奖励	M6. 首台（套）装备保费补贴
F 市	47	139811	9	80494	2	3	1	—	1	1	1
S 区	41	78983	7	25937	2	1	—	1	2	1	—
Q 市	24	70872	5	52821	2	1	—	1	1	—	—
Z 市	40	81758	6	20619	3	2	—	—	1	—	—
C 市	62	129767	12	55234	3	2	—	—	1	—	—
J 市	15	82979	2	400	1	1	—	—	—	—	—
Y 市	9	33584	2	1178	—	1	—	—	—	—	—
总计	238	617754	43	236682	14	10	3	3	6	3	2

组别	行程	时间
A 组	Z 市—Q 市—F 市—S 区	10 月 10 ~ 21 日
B 组	C 市—J 市—Y 市—M 市	10 月 10 ~ 20 日

注：现场核查采取先集中座谈再选点核查的方式进行，原则上集中座谈半天完成，如项目数超过 8 个可考虑安排 1 天（分上下午两场）。

资料来源：笔者自制。

从抽查比例来看，核查项目资助金额累计达 236682.448 万元，占两个年度"先进装备制造"专项资金总额的 38.3%；核查项目数（43 个加上市县两级主管部门座谈，再加上"支持先进装备制造业集约集聚发展"专题延伸抽查的项目）累计占两个年度落实项目总数的 30% 以上，完全满足委托合同要求。从扶持方式类别看，"先进装备制造"专项资金涉及事后奖补、股权投资、贷款贴息三种扶持方式，三者抽查的资金比例依次为 97.9%、48.5%、25.1%；各资助专题抽查的资金比例：支持首台（套）装备的研发与使用为 30.9%，支持工作母机类装备制造业发展为 41.6%，支持优质项目落地与公共服务平台建设为 49.7%，支持先进装备制造业集约集聚发展为 29.4%，其余 3 个专题亦达到 20% 以上。总体而言，现场核查抽样具有良好的代表性。

二、满意度调查方案

财政专项资金绩效评价的目标导向是提高政府财政的公信力，即公众对财政支出的满意度。考虑本项资金及评价的专业性，为增强针对性与合理性，我们在宏观评价中导入专家满意度，在微观评价（现场核查）中导入公众满意度。实际操作时，专家满意度通过专门的评价表，由评价方组织行业内 10～15 名专家进行通讯评审，取得数据源。公众满意度调查设计总样本量不少于 700 份，采用通用的调查问卷，但考虑到受访者不同身份、背景及立场对评价感知的影响，拟采用以下样本分配方案（见表 5－8）。一是受资助企业（项目单位）。依托现场核查抽样，由评价方独立操作，每个企业完成 10～15 份，分别由领导层、中层技术（管理）人员和基层职员填写，共完成不少于 400 份。二是主管部门。涉及省、市、县三级，同样依托现场核查抽样，由经信、财政部门与股权资金托管机构人员填写，每部门完成 3～5 份，共不少于 60 份。三是人大代表和媒体记者。面对全国及 N 省人大代表、省内有关媒体记者，通过电子邮件或书面寄送等方式发放 80～100 份，回收（样本量）不少于 40 份。四是社会公众。由评价方组织专人或通过网络等途径完成调查，覆盖资金（项目）分配的主要地区，并根据性别、年龄、户籍、学历、职业等因素进行配额，样本量不少于 200 份。在问卷中设置甄别问题，包括"对行业是否关注"及"了解程度"两项，用以筛选有效的调查样本。

表 5－8   满意度问卷调查样本分配情况

对象类别	样本分布（计划）	最小样本量（份）
受资助企业	依托现场核查抽样，分别由企业领导层、中层技术（管理）人员和基层职员填写，每单位 10～15 份	400
主管部门	依托现场核查抽样，涉及省、地市、县三级资金主管（监督）部门及股权资金托管机构，每单位 3～5 份	60
人大代表与媒体记者	N 省人大代表，省内有关媒体记者	40
社会公众	评价方组织或网络调查，按性别、年龄、户籍、学历、职业等因素进行配额	200
合计		700

资料来源：笔者自制。

三、工作进度安排

本项评价总共历时半年，主体工作在 3 个月内完成，包括前期准备、收集评价信息、书面评审、现场核查、撰写报告与意见征询等环节，进度计划（见表 5－9）。评价基准日设定为 2017 年 7 月 30 日。

表 5 – 9　　　　　　　"先进装备制造"专项资金绩效评价时间表

工作内容	2017 年 7~8 月	2017 年 8~9 月	2017 年 9~10 月	2017 年 10 月	2017 年 11 月
前期准备 （方案及招投标）	→				
主管部门自评		→			
自评审核			→		
现场核查			→		
报告撰写				→	
报告修改与提交 （意见征询）					→

资料来源：笔者自制。

实证经验

第六章　人大主导的财政支出绩效评价实证结果

——以 N 省"先进装备制造"专项资金为例

财政绩效评价实证研究关键在"实证"二字。针对特定的财政支出范畴，依托设计好的评价体系与实证方案，取得专业（科学化与体系化）的评价结果，即为凸显实证特点的最直接方式。在此基础上，通过对结果的分析进一步识别成绩，发现问题和提出对策，实现财政监督和绩效改善的价值。本章仍以前述 N 省"先进装备制造"专项资金为例，基于预设方案，利用各级主管部门和用款单位报送的自评材料，旨在以结构化的形式呈现在人大主导评价模式下的取得的第三方评价结果：一是验证评价体系及方案的功能，二是为后续研究提供依据。

第一节　评价结果及特点

一、资金整体绩效

首先，依据各维度评价结果，计算 2015～2016 年"先进装备制造"专项资金整体绩效评分（均值）为 87.5 分，等级为良（见表 6－1）。其中，自评工作质量（由针对主管部门和用款单位自评材料的书面评审合成）为 81.8 分，资金管理绩效（由针对主管部门的书面评审和专家评审合成）为 88.7 分，资金使用绩效（由针对用款单位的书面评审和现场核查合成）为 87.9 分，资金监督绩效（针对资金监督部门由专家评审）为 87.8 分。

表 6－1　　"先进装备制造"专项资金整体绩效及各维度评价结果　　单位：分

项目	主管部门			用款单位		总体
	书面评审	现场核查	专家评审	书面评审	现场核查	
自评工作质量	79.3	—	—	84.2	—	81.8
资金管理绩效	84.2		90.6	—		88.7

续表

项目	主管部门			用款单位		总体
	书面评审	现场核查	专家评审	书面评审	现场核查	
资金使用绩效	—	—	—	86.6	88.5	87.9
资金监督绩效	—	—	—	—		87.8
资金整体绩效	—	—	—	—		87.5

资料来源：笔者自制。

可见：一是总体评分较高，除自评工作质量外的各维度均值都在 85 分以上，表明该专项资金无论在管理和监督方面都相对规范，达到预期成效；二是主要维度结果比较均衡，不存在明显的短板，其中资金管理绩效评分略高于资金使用绩效评分。这在同类专项资金评价结果中并不多见，表明资金主管部门在资金分配论证、管理制度设计以及实施过程监督等方面采取了有力措施，总体绩效目标实现较好。简单来说，自评工作质量扣分理由主要是地市主管部门和用款单位递交自评材料不完全（截至评价日递交率仅81%），资金使用绩效扣分理由主要是部分股权投资项目实施进度滞后，未完成预定目标。

二、资金管理绩效

一方面，针对地市（含 S 区）资金主管部门报送的自评材料，由第三方课题组在形式审查的基础上，利用既定的指标体系（与资金使用绩效评价指标基本一致）进行内容的实质性评审。结果显示：全省"先进装备制造"专项资金管理绩效书面评分（均值）为 84.2 分，等级为良；表明市（区）级经信部门在资金管理的前期工作、实施过程与目标完成方面采取了有力措施，取得较好结果。

另一方面，为从宏观或整体上衡量专项资金管理绩效，采用资金设立的必要性等 7 项指标，仍由评价方邀请省内外知名专家进行通讯评审（实际共访问13 位）。回收问卷的统计结果显示："先进装备制造"专项资金管理绩效评分（均值）为 90.6 分，等级为优。评审专家基于掌握的材料，一致认为该专项资金在宏观设计、制度健全、监督管理与目标实现等方面表现突出，故给予肯定评价。这在同类专项资金评价结果中确实少见。具体地，专家对该专项资金投入的公共属性（92.5%）、目标实现程度（90.8%）和总体满意度

（91.8%）评分较高，对其目标设置科学性（88.9%）有所保留。归纳专家反馈的意见：以拉动产业投资和驱动技术创新为关键抓手，稳定与推进经济发展为目的，设立扶持中西部先进装备制造业发展专项资金十分必要，亦符合 N 省实际；并且现有专项资金扶持方式恰当，在管理和组织机制有所创新，总体上资金投入发挥了明显效益，实现了预期目标。但具体到各地的资金分配与项目遴选机制、个别专题资金的落实方式以及股权投资类项目实施进展等方面，仍存在优化改进空间。

三、资金使用绩效

依据评价方案，资金使用绩效由针对用款单位的自评审核与现场核查两部分评分合成。结果显示：43 个现场核查项目中有 1 个项目实际已终止（未安排资金），其余 42 个自评审核均值为 86.6 分，现场核查均值为 88.5 分，按 30% 与 70% 比例合成的资金使用绩效为 87.9 分；总体上 3 项评分均值差距不大，绩效评级为良以上的项目达到七成。

地域因素可能也是影响专项资金绩效的一项重要因素。从分地区统计来看：一是各市用款单位使用绩效评分普遍较高，其中 F 市、C 市、Y 市 3 市排在前列，其余各市相差不大；二是各市公众满意度与使用绩效评分相对接近，F 市、Z 市、Q 市 3 市总体较高。

从资金扶持方向来看，本次评价主要涉及 6 个专题：资金使用绩效评分最高的是"M5b 企业重大科研成果奖励"（92.0 分），其次为"M6 首台（套）装备保费补贴"（88.3 分），这主要是由于两个专题实施方式较为简单、且为事后奖补，其他专题评分相差不大。从扶持方式来看，资金使用绩效评分最高的是事后奖补项目（88.2 分），其次为贷款贴息项目（87.4 分），股权投资项目（86.4 分）评分较低。

进一步透过分析指标得分率来识别评分的强项与弱项（见图 6-1、图 6-2），从合成分值来看，3 项一级指标得分率（均值）分别为前期工作 86.0%、实施过程 86.8% 和目标实现 89.8%，三者得分存在一定差距，目标实现维度明显较高。15 项具体指标得分率较高的是目标完整性（91.1%）、完成进度与质量（90.0%）和社会经济效益（90.4%），较低的是论证决策（82.4%）、目标科学性（84.8%）与项目监管（84.1%）等。这与资金管理绩效评价指标得分率分布情况较为一致，侧面佐证了评价技术体系的稳健性。

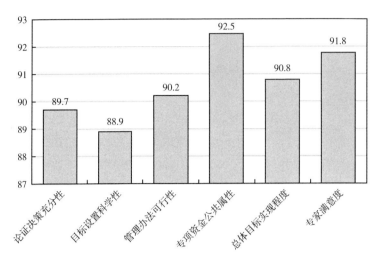

图 6 - 1　资金管理绩效指标得分率

资料来源：笔者自制。

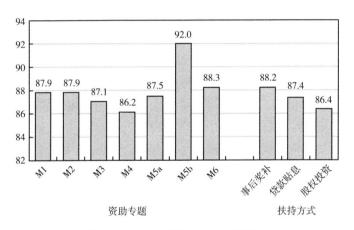

图 6 - 2　资金使用绩效分专题统计

资料来源：笔者自制。

四、资金监督绩效

　　针对资金监督部门的工作表现，依据财政部门汇报材料及评价方掌握的资料，采用预设 6 项指标，亦通过与宏观层面资金管理绩效同样方式进行评价。结果显示："先进装备制造"专项资金监督绩效评分（均值）为 87.8 分，等级为良。从 6 项具体指标得分率来看，得分率都在 80% 以上，其中较高的是制定监督办法（89.3%）与及时下达资金（89.6%），较低的是明确监督职责（87.2%）和违规项目问责（84.4%），6 项指标总体差距不大。总体上，财政部门在专项资金监督上履行了必要职责，采取了较为积极的措施（3 年共组织 2 次绩效评价，分别为期中评价和到期评价，且通过因素法提前下达资金，支付效率较高），但在新的财政资助方式（如股权投资等）及其相关制度设计与完善等方面所做的工作仍需改进。

五、满意度调查结果

针对"先进装备制造"专项资金，根据预设的满意度调查方案及调查管道发放与回收问卷。尽管满意度本质上为一种"概念评价"，但评价内容相对具体，我们首先利用设置的甄别问题进行问卷筛选。对应"政策关注"与"了解程度"两个方面的结果显示，选择"关注"和"比较了解"以上受调查者占总体的比例约为82%（各类别有差异）。结合其他问卷有效性甄别条件，最终确定用于资金使用绩效满意度评分统计的问卷共有 721 份，作为实际调查样本（见表 6 - 2）。经受访者性别、年龄、学历等各项比对后发现，抽样代表性良好。基于问卷结构，对调查结果按以下三个方面进行归纳分析。

表 6 - 2　　　　　　　　资金使用绩效满意度调查样本量分布

调查对象	资助企业管理者	主管部门工作人员	N 省人大代表	媒体编辑记者	社会公众代表	合计
有效样本量（份）	402	58	23	17	221	721

资料来源：笔者自制。

1. 满意度评分

针对"先进装备制造"专项资金管理的各环节，由受访者进行主观评价，并作为总体结果（资金使用绩效）的重要构成部分。统计表明：一是从总体来看，受访者对专项资金使用绩效满意度评分（百分制）均值为87.7 分，等级为良且评分较高；二是从资金管理的各环节来看，满意度评分较高的有资金分配的公平性（90.2 分）、资金投入的及时性（89.2 分）、资金经济目标实现效果（89.7 分）尤其是首台（套）装备研发与使用（89.3 分），而相对较低的是资金监管的有效性（85.3 分）与资金管理办法合理性（86.1 分）等；三是不同类别调查对象中，主管部门和社会公众评分较高，人大代表及媒体记者评分较低，而相对来讲，后者应更为理性。

2. 扶持政策认知

调查问卷中还针对先进装备制造业发展的政府扶持政策认知设置了若干关联性的问题。从调查结果来看：一是关于"政府扶持该产业发展的必要性"，认为"十分必要"或"有必要"的受选比例近八成；二是关于"政府扶持该产业发展应解决的关键问题"，受选项集中在"关键技术研发与突破""产业链与集约集聚发展""生产设备与技术更新改造"三个方面。这两个问题调查结果从一个侧面给资金绩效管理提供了有益信息。

3. 对策建议

进一步地，对于优化该项政策的建议，问卷也设置了若干问题。调查结果显示：一是就"目前 N 省促进中西部先进装备制造业发展存在的主要问题"，认为"资金投向/分配不合理""资金监管不到位""资金管理办法不科学"的意见占主流；二是就"政府支持中西部先进装备制造业发展应采取何种方式"，认为应采用"事后奖补""税收优惠""贷款贴息"的受访者占绝对多数；这些结果亦给政府未来产业扶持政策的选择与专项资金监管提供了有价值参考。

第二节　主要措施与成绩

一、工作措施

评价发现，在 N 省省委省政府的高度重视和大力推行下，省市级主管部门分工协作迅速行动，拿出了一系列实质性政策措施，确保了"先进装备制造"专项资金各模块、各环节任务的责任落实与顺利实施。

第一，政策目标完整科学，符合 N 省实际，有助于提升全省产业科技含量与创新发展潜力。

如前所述，N 省中西部先进装备制造业发展或"先进装备制造"专项资金从省到市、从整体到局部、从远期到阶段均形成了相对完整的目标体系。包括省级和各地产业规划都对装备制造业整体或特定具体产业的产值规模、增加值、投资额等提出了明确的量化目标，省级规划和部分地市（如 Z 市）还分2017 年、2020 年两个阶段分别提出指标值要求。自 2015 年起，N 经信委以文件（工作要点）形式把主要指标的总量和增速要求（年度目标）分解到中西部各地，并形成考核问责机制。应该说，这项产业政策的目标完整度、系统性和科学性较高，且目标规划完成时间段、效率高，在同级同类政策实施经验中实属难得。

进一步讲，省级和各地产业规划以及扶持政策所抓住的正是支撑中西部先进装备制造业发展的关键要素。包括：一是要求装备制造业增加值增长才能保证产业带规模的稳步提升；二是新引进、新开工项目数和投资额等 3 个指标设定，是省经信委根据全国固定资产投资萎缩的大环境所采取应对措施，在招商引资中通过项目筛选，推动产业升级，为产业带的可持续发展提供有力引擎（见表 6 - 3）。总体上，"先进装备制造"产业政策和专项资金的绩效目标量化合理，体现省委省政府决策意图，亦符合 N 省发展实际，致力于解决全省装备制造业规模优势不明显、核心技术和零部件受制于人、行业集中度不高和产业链配套不健全等要害问题。

表 6 - 3　2015 ~ 2016 年 N 省中西部各地装备制造业发展年度目标任务情况

地区	2015 年						2016 年			
	装备制造业增加值（亿元）		装备制造业投资额（亿元）		引进超 10 亿元项目数（个）		装备制造业增加值（亿元）		装备制造业投资额（亿元）	
	任务	完成	任务	完成	任务	完成	任务	完成	任务	完成
C 市	376	379.3	106	128.2	2	15	424.8	428.7	153.9	163.3
F 市	1385	1325.8	469	475.2	3	7	1484.9	1471.3	570.2	611.6
其中：S 区	498	464.8	76	96.8	1	2	520.6	544.8	116.2	126.5
Z 市	446	413.0	120	110.1	2	10	462.5	462.7	132.1	145.4
J 市	248	258.7	207	218.1	1	6	289.7	294.8	261.7	266.7
Y 市	53	43.8	108	56.9	1	2	49.1	40.5	68.3	39.6
Q 市	252	203.4	190	176.9	1	4	227.9	222.3	212.1	190.3
合计	2760	2623.9	1200	1165.5	10	44	2938.9	2920.4	1398.5	1416.9

资料来源：作者自制。

第二，扶持方式较为适当，大量采用政策性事后奖补，企业欢迎度高且管理过程规范，未发现财务违规问题。

总体上，"先进装备制造"专项资金采用多元化的扶持方式落实资助，按专题不同分别有股权投资、贷款贴息及事后奖补等类别。同时为改变以往竞争性评审机制的准备期较长、廉政风险高等状况，更多采取事后奖补的方式，以符合政策条件的普惠性奖补为主，增强了资金分配的公平性。从评价的 2015 ~ 2016 年度来看，两年专项资金以股权投资方式扶持项目 21 个，扶持资金占比 55.8%，以事后奖补（含保费补贴）方式扶持项目 213 个，扶持金额占比

44.2%。尽管股权投资强度高，但事后奖补项目数占90%以上的绝大多数。诸如首台（套）装备研发与使用、鼓励提高研发费用和重大科研成果奖励、支持产业公共服务平台建设、首台（套）装备保费补贴等专题，均以投资（投保）金额或销售合同、研发费用等一定比例核定奖补，政策标准统一且明确，基本无人为操作的空间。

第三方现场核查的问卷调查结果显示：调查对象对"专项资金分配公平性"的满意度评分均值（百分制）达到90.2分，同时认为后续政府支持此类产业发展应更多采取"事后奖补"方式，该项受选比例达到76.5%。像研发费用补贴，"以前完全属于企业自主经营的方面，开始有了政府补贴，不仅感到意外，更感到欣喜"。从评价掌握的情况看，政策性事后奖补方式也确实发挥了规范资金管理、提高资金支付效率的作用：一是从申报到评审、核定补贴标准的过程普遍合规，未发现明显违规问题；二是除个别股权投资项目记账有瑕疵外，几乎全部事后奖补项目对奖补资金使用都能做到灵活规范；三是由于资金提前下达、评审权下放，本次评价90%以上事后奖补类项目从公示立项到资金到账不超过3个月时间，最晚不超过6个月，大大好于此前情况。

第三，项目遴选权力下移，发挥各地自主性，简化申报流程，多数项目推进顺利，事后奖补效益持续性强。

作为政策创新的一个重要方面，"先进装备制造"资金扶持政策实施细则第十九条规定：专项资金根据预算执行进度可实行"预安排、后清算"制度，根据事权和支出责任相适应的原则实行分类管理，逐步将项目选定权和项目监管责任下放至市（区）。具体是将支持首台（套）装备的研发与使用和先进装备制造业集约集聚发展之外的其他专题，全部下放至中西部各地组织实施，以贴合各地实际需要，充分发挥地方自主性。当然，省经信委对因素法分配各地的资金项目申报及评审流程亦提出了明确的指导要求，并实施全程监控督查。同时，由于事后奖补项目占多数，其申报条件和补贴依据明确，大大简化了企业所需填报的材料，减少了审批环节，加快了项目进展和效益发挥。

评价发现，尽管为事后奖补项目，除个别企业实行冲账处理用于抵扣前期支出外，95%以上项目单位仍按补贴资金来源的名目进行使用，并设立专账管理。比如首台（套）装备研发及使用的奖补资金，会继续用于该类（系列）装备的技术改进和创新开发，研发费用补贴会用于后续年度的研发投入，等等。可见"先进装备制造"专项资金补贴项目的效益可持续性较强，政策起到了良好的引导带动作用。

二、主要成效

第一，定位扶强扶优，促进了一批先进技术装备研发应用和优质项目落地建设，不少产业装备实现全部或部分进口替代。

"先进装备制造"专项资金总体属于扶强扶优定位，包括政策启动时设置了较高的门槛，旨在带动产业提质增效。从实际效果看，无论股权投资还是事后奖补，获得资助的项目单位80%以上均为国内外装备制造细分行业中实力较强的企业，或是龙头企业以及龙头企业投资设立的子公司（见图6-3），其专注所在行业已有较长的历史，积淀较为深厚，所研发和推广应用的装备正是契合行业发展所需，有助于打破国际同类产品技术垄断，降低国内相关行业企业生产成本，使其在一定程度上与国际行业巨头抗衡，实现对同类产品的全部或部分进口替代。

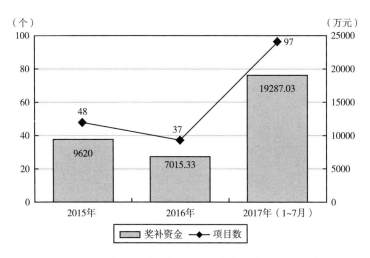

图6-3 2015～2017年7月中西部研制N省内首台（套）装备项目情况

资料来源：笔者自制。

第二，财政资金引导和带动作用明显，拉动全省装备制造业和工业企业投资稳定增长。

"先进装备制造"产业带建设启动三年来，通过招商引资和"一事一议"支持优质项目落地发展，累计引进了724个投资1亿元以上的装备制造业项目，计划总投资6828亿元。其中包括中国海洋石油集团、中国兵器工业集团、中国长江三峡集团、中国铁路工程集团等17个央企投资项目，瑞士ABB、美国艾默生电气、德国蒂森克虏伯等 13 个知名外资项目，沈阳机床、新松机器人、北汽福田等 38 个国内知名项目。截至评价日，共推动 440 个投资 1 亿元以上项目开工，346 个项目投产，拉动中西部装备制造业投资实现高速增长。其中，2015 年、2016 年分别完成投资 1165.5 亿元、1416.9 亿元，增速分别为56.8%、21.6%，预计 2015～2017 年累计完成投资 4400 亿元，总量超过前 10年总和，增速达到全省工业投资增速的 2 倍多（见表 6 - 4）。如按三年财政资金共投入 97.6 亿元算，资金放大倍数（财政支出乘数）达 45.08 倍。

表 6 - 4   2015～2017 年 N 省中西部装备制造业规模效益情况

年份	产业增加值（亿元）	增加值增速（%）	全省规上工业增加值增速（%）	产业投资额（亿元）	投资额增速（%）	全省工业投资增速（%）	产业税收（亿元）	税收增速（%）
2015	2623.9	14.2	7.2	1165.5	56.8	20.8	503.1	2.8
2016	2920.4	11.1	6.7	1416.9	21.6	8.9	670.2	33.2
2017	2398.5	12.7	6.9	1817.6	22.0	12.0	—	—

注：2017 年产业增加值及增速为 1～9 月统计值，产业投资额为全年预计值。
资料来源：笔者整理。

在产值规模方面，三年来中西部装备制造业实现高速增长。2015 年、2016年和 2017 年 1～9 月装备制造业增加值分别为 2623.9 亿元、2920.4 亿元、2398.5 亿元，分别增长 14.2%、11.1% 和 12.7%，显著高于同期全省规模以上工业增速。预计 2015～2017 年累计实现装备制造业增加值 8900 亿元，年均增长12.4%。中西部装备制造业占全省比重由 2014 年的 34% 提高到 2017 年的 41%。根据税务部门统计数据，中西部装备制造业税收增速从 2015 年的 2.8% 提高到2016 年的 33.2%，中西部先进装备制造业税收增速从 7.5% 提高到 37.3%（2015年、2016 年全省先进装备制造业税收增速分别为 5% 和 9.5%）。

第三，工作母机类与工业机器人装备制造迅速扩张，助推全省产业技术系统化与智能化发展，降低人力成本，提升产业链集成度和产品质量标准化水平。

支持工作母机类装备制造业发展是实现先进装备制造业快速扩能增效的关键抓手，旨在短期内拉动大量投资、形成产能规模。实践表明，通过引进产业链式大型项目并建成投产，这方面工作已取得突出成效。2015 年、2016 年和2017 年 1～9 月 N 省中西部工作母机类制造业增加值增速分别为 21%、21.6%和 19.4%，均高于同期全省规上工业增速。2015～2017 年工作母机类制造业累计增加值预估达到 1600 亿元，工作母机类制造业占全省比重由 2014 年的 46% 提高到 2017 年的 54%。具体来看：N 省规模以上的工作母机类制造业企业从 2014 年的 598 家增加到 2016 年的 755 家，增加了 157 家；以 2016 年销售产值超过 100 亿元的骨干企业统计，大致分布情况为 C 市 2 家、F 市 1 家、Z 市 2 家、Y 市 1 家；但大部分新引进的规模较大项目仍在建设中尚未形成产值。

进一步说，工业机器人装备制造业是新兴行业，也是抢占国际国内先机、推动先进装备制造产业带发展质量提升的重要引擎。在相关扶持政策的作用下，N 省中西部工业机器人行业扩张迅速，包括库卡机器人、ABB 机器人等都是新引进的投资超亿元优质项目，也培育了一批本土机器人骨干企业，其中 Z 市、Q 市、F 市（E 区、S 区）等都形成了工业机器人主题的智能装备制造产业集聚。

第四，加快各地重点产业集约集聚，促使各市进一步出台特色产业规划，形成先进装备制造业相对错位和竞争发展。

支持先进装备制造业集约集聚发展专题资金用于对中西部各地主导产业清晰、龙头企业带动效应明显、产值规模超 100 亿元的产业集聚区，当新增年产值突破 50 亿元、100 亿元、300 亿元和 500 亿元时，分别给予当地政府 1 亿元、3 亿元、10 亿元和 15 亿元的奖励。这对于引导和鼓励各地整合产业资源、突出特色重点、强化集约集聚的作用亦十分明显。仅评价的两个年度看，2015 年省财政共投入奖补资金 9 亿元，分别奖补 C 市、F 市、S 区、Z 市、J 市、Y 市、Q 市等 7 个地区；2016 年省财政共投入 8 亿元，分别奖补 C 市、A 区、S 区、J 市、Z 市、Q 市等 6 个地区。3 年以来，全省共培育形成了 F 市智能制造装备、S 区节能环保装备、C 市智能通信设备制造、Z 市光电装备、S 区通用及专用装备、E 区智能制造装备等 20 个年产值超过 100 亿元的产业集群，2016 年总产值达到 10011.6 亿元。

由此可见，至少在主导产业集群的层面，N 省中西部各地已形成一定特色，呈现出既有同质竞争又有错位发展（相互配套）的格局。同时，各地还主动加强与东部地区相关产业对接，如 C 市、F 市、Z 市、Q 市等，通过借助东部电子信息良好的产业基础和先进技术，积极推进现代信息技术在先进装备制造业研发设计环节的集成应用；F 市 MD 集团、SW 精密等企业利用东部的优质金融和创新资源实现壮大发展，推动了东西部支柱性产业之间的互补融合。

第五，引领企业稳定和增量投入研发，减轻中小企业研发负担，不少企业利用财政补贴开展前瞻性技术研究，或将补贴资金采取内部竞争择优方式再利用。

"先进装备制造"专项资金设置企业研发费用和重大科研成果奖励专题，旨在引导企业稳定和增量投入研发资源，加快创新驱动发展。本次评价发现：尽管这方面奖补资金总体投入不多（3 年合计约 6 亿元），具体分配到企业额度亦较少，但还是发挥了积极作用。主要体现在：一是对中小企业而言，奖补资金对于减轻其资金周转负担、降低研发成本帮助较大，对体现政府支持、增强企业信息效果更明显；二是对大企业而言，虽然财政奖补相对其研发总支出来讲占比很小，对其按年度计划投入研发的决策影响微弱，但企业却沿着怎样用好这笔补贴资金的思路做了较大努力。总体来看，三年来中西部各地深入支持企业研发创新，累计建设国家和省级装备制造业重点实验室、工程实验室、技术中心、工程中心等各类平台 640 个，设立企业博士后工作站 44 个，主导或参与修订装备制造业的国际、国家、地方、行业标准共 128 个。2015 年、2016 年分别培育新增装备制造业国家高企 201 家和 321 家，增长 59.7%，许多关键技术与核心部件攻关取得突破性进展。

第三节　存在的问题及原因

一、宏观层面问题

专项资金在宏观层面的问题主要表现为资金管理办法或相关制度设计与政策执行现实发生矛盾，部分制度或规则缺乏可操作性，影响资金效益发挥。

第一，省级首台（套）装备目录更新的及时性与目录内产品标准的科学性需进一步提高。

支持首台（套）装备研发与使用专题以省统一组织实施为主，并采取目录管理的方式，即由省组织制定一定时期内达到全省首（台）套装备标准的产品类别与技术参数。显然，省级首台（套）目录的科学性十分关键。本次评价现场核查中，企业和地市反映有关这一目录的问题包括：一是个别进入目录的设备技术标准欠妥，由于关注更多的是行业共性技术，对于少数特别新型的技术产品并不完全适用全部标准（比如要求溶剂挥发性小于某值，而某新型无溶剂产品不涉及挥发性），即可能被排除在外无法申请补贴；二是目录更新不够及时，因为研制和论证需经一定程序，周期较长，2017 年以前的目录两年才更新一次，部分产品类别的技术标准跟不上行业发展的前沿。对这些问题，省经信委在评价方补充咨询时给予了书面答复。总体来讲，首台（套）目录的制定工作以及目录科学性本身仍有进一步优化的空间。

第二，部分地区和企业反映本财政扶持政策宣传不到位，或申报门槛偏高，企业研发费用补贴与科技部门同类专项资金存在一定交叠。

"先进装备制造"专项资金扶持范围聚焦"六市一区"，相对集中。尽管省经信委在首期政策出台和政策完善后都组织了一定规模的宣讲贯彻活动，但评价方现场核查过程中，据企业或主管部门反映，部分扶持政策宣传仍不到位，存在符合奖补条件的企业（项目）未获得奖补的情况〔比如首台（套）装备以及支持集约集聚发展奖补资金由地市自行组织再分配的部分〕。不仅如此，部分政策申报门槛偏高。尽管专项资金整体属于扶强扶优定位，但部分专题发生整个地市（县区）没有企业或项目满足申报条件的情况，就值得重视。以支持优质项目落地建设为例，2015年政策补贴的起步门槛是海洋工程、汽车、轨道交通、航空制造四类产业总投资额10亿元，智能制造等其他类别产业5亿元；针对各地执行中遇到的问题，2016年对该门槛做了调整，其中海洋工程等四类产业调低为总投资额5亿元起步，智能制造等类调低为2亿元起步。应该说问题得到了一定程度的解决，但对相对欠发达的市县，引进达到这些规模的项目仍有困难。

另外，"先进装备制造"专项资金设有企业研发费用补贴专题，2016年政策调整后申报条件为企业当年研发总费用（扣除各级财政补贴后）在3000万元以上，按达到不同等级给予不同比例奖补。这一专题与科技部门主管的"企业研究开发"专项资金用途相近，后者不设补贴起点，但都为鼓励企业增加研发费用投入。从资金整合的角度看，后续专项资金是否仍设同类专题或以什么方式补助，是一个值得思考的问题。

第三，财政补贴尚未有效区分完全自主知识产权和部分自主知识产权（如加工组装）的产品，对企业研发和生产纯自主品牌技术装备的扶持力度不足。

"先进装备制造"专项资金的关键目标在于促进先进装备制造业发展，一是扩能增效、二是推进关键技术研发和应用。但就目前政策来讲，资助专题设置并未针对企业研发和生产装备的自主品牌拥有情况或自主知识产权程度做出有效区分。评价发现：不少企业尽管号称首台（套）设备处于国际国内领先地位，但除少数部件自主研产以外，大部分均为购买组装；甚至有个别企业称其核心技术即为组装工艺，所需零部件全部从外部购买。当然，并非对于先进设备全部部件都由企业独立制造和装配为好，但从行业发展质量（鼓励核心竞争力和创新驱动发展）角度看，财政扶持或奖补机制应当对此适当区分。应当充分认识到企业积累和培育自主品牌、掌握先进装备制造的全部技术、拥有完全自主知识产权的艰辛，把对这类项目的扶持力度与加工装配或简单工艺改进类项目的扶持力度加以明确区分。

第四，股权投资项目准备期过长、决策程序较多、部分细则未明确，致使该类项目在实施过程中存在滞后现象。

股权投资扶持方式经过探索，从本次评价看，各地在实践中逐步找到了实施该类项目的可行路径。如中西部"六市一区"中，包含支持集约集聚发展奖补资金由地市自行组织的部分，股权投资金额占比（55.8%）仍是"大头"。虽然大多数项目都能够按计划顺利签约启动，但仍有少量项目财政股权资金未及时开展投资，影响项目的整体实施效率。究其关键：一是项目准备期过长，部分项目在申报前期未进行充分的可行性论证，只是参考以往申请财政补助资金的模式进行项目申报，致使评审过程中发现其无法完全满足股权投资要求，在项目审核及后续投资决策中需大量补充资料、开展评估、投资论证等，影响项目的正常实施；二是投资决策程序多，股权投资属于市场化的投资方式，参照市场通行做法，在具体实践中需对项目进行可行性论证，组织开展尽职调查、价值评估、投资方案论证、投资谈判等一系列投资决策流程，耗时较长；三是部分政策细则未明确，如财政股权资金退出的具体形式及盈亏责任分担等；四是个别地区政策执行不到位，如相关文件已明确受托管理机构开展尽职调查的费用由受托管理机构承担，但在执行过程中各地对此理解不统一，导致企业担心需额外承担项目费用，存在投资顾虑。

二、中观层面问题

中观层面评价主要针对各级资金落实、管理与监督有效性，问题主要表现在三个方面。

第一，项目遴选权力下移后，省对各地评审规则、标准及核定补助金额的依据等细节规范不够，或地市把关不严，衍生廉政风险。

专项资金实施的一个亮点，即把大部分项目遴选的权力下放地市，从而发挥地方自主性，加快进度。但随之而来的一个副产品，有个别地区对项目评审和补助金额的确定把关不严。主要是对财政出资额较大的股权投资项目，地方政府或出于招商引资等考虑，倾向于把财政股权投资的额度设定过高，而项目单位实际暂不具备及时足额配资的实力，从而引发投资中止或进度延迟的问题。其背后的部分原因：省级主管部门虽然对各专题资金申报和评审的条件、程序（如必经专家评审、公示、过会等环节）给予规范，但触及投资目标选择、补助标准核定等更为关键问题的权力落在当地，借此衍生廉政风险的空间。

第二，大部分资金采取因素法切块并提前下达，但年度项目申报、评审与资助计划确定时间较晚，实际上是把财政资金支付率考核的压力向下转移。

"先进装备制造"专项资金的大部分采用因素法切块并提前下达地市，加上支持产业集聚区发展专题实际有97%以上金额（70%以上项目）系各地自行落实分配。这作为该项扶持政策创新的要点。但本次评价的2016年度资金，由于涉及财政政策的中期调整（修订），省经信委自2015年底起用将近一年时间到中西部各地经信部门和企业开展了多轮调研，完善后省级实施细则至当年10月前后才下发，留给地市评审和分配资金的时间不到两个月。财政资金支付率的考核按季度、年度进行，地市若因当年专项资金滞留将会受到通报问责。从某种程度上讲，在财政管理体制和考核机制本身不做优化的情况下，这种矛盾会长期存在。

第三，省对先进装备制造业集约集聚发展奖补资金的使用方式指导不足与中途变动，导致个别地市该笔资金不敢用、用不出。

省对先进装备制造业集约集聚发展奖补资金专题是以中西部各地产业集聚区每年比上一年度增加值超过50亿元、100亿元、300亿元和500亿元不同等级给予当地政府一次性奖补，由当地政府自行统筹资金下一步使用。尽管为事后奖补资金，但数额较大，各地使用普遍较为谨慎。2015年省财政厅政策明确各地可将该资金以股权投资方式用于先进装备制造业项目投资、产业公共服务平台或基础设施建设；2016年政策修订后，可采用事后奖补、股权投资或贷款贴息等方式支持产业项目或公共服务平台，但不允许用于基础设施建设。这一改变使得部分地区原已落实安排的项目被迫叫停，重新组织项目遴选而耽误资金支出。个别地市因当地政府换届或主要领导调整（投资计划需经政府办公会议批准），该笔奖补资金使用难以形成决策而至今未使用。

三、微观层面问题

微观层面主要针对资金使用的合规性及项目完成情况进行评价，其问题表现在两方面。

第一，个别项目因承担单位自身或审批流程等因素实施进度比计划有延迟。如不考虑支持产业集聚区发展奖补资金由地市自行组织的项目，以两年238个项目总数看，事后奖补和贷款贴息有217个，此类项目不存在实施进度问题，但21个股权投资项目推进情况则差别较大。评价方现场核查共涉及9个股权投资项目，其中1个因为公司内部资产纠纷，暂时达不到按比例配资的要求，故已申请退回资金；1个截至评价日已制成样机，但部分系统未通过环评，资金仅使用1300余万元，受托管理机构反映该项目自启动至今推进较缓慢，其中母公司以设备和技术入股成立联合项目公司，但设备和专用技术估值存在争议，暂时达不到按财政额度的配资要求；2个上市公司项目虽有推进，但财政资金基本未支出。实施情况较好的项目基建部分进展顺利，预计2018年初可完成生产设备安装，2018年底投产，资金使用率约30%。相对来讲，股权投资多为新引进项目、投资规模较大，其实施进度受自身和客观因素影响较多，因而产生延迟。

第二，个别已完成或基本完成项目未能达到预期绩效目标。仍以股权投资项目为主，因采用竞争性评审，大多数项目在申报时都设立了较完整的绩效目标，包含阶段性实施进度和经济社会效益指标（如产能、年产值、销售额等）。有项目自评材料显示其至2017年应完成15台（套）设备的生产和销售，但目前仍停留在样机和环评阶段，仅部分系统部件销售2台。

四、技术方面的问题

第一，针对财政资金的各级各类监督检查、审计评价等活动过多且频繁，给基层主管部门和项目承担单位造成较大负担。

基层主管部门和企业反映较多的一个问题，是在现有财政管理体制下，由不同职能部门发起和组织、采用不同名义和方式、要求和细致程度不同的各类监督检查与考核评价过多，给他们造成了较大负担，甚至干扰企业正常经营。以S区为例，据当地主管部门向评价组反映：仅本专项资金在2017年内即迎接了省级的财政绩效评价、审计、巡视组巡视、人大绩效监督4次督查，为保证过关，市级、区级对应部门又分别再组织一轮；极端情况下，同一家企业同一个项目会连续接受12次的检查。尽管对资助项目实施监管及绩效评价是必要的，根据党的十九大报告，以后对预算还要"全面实施绩效管理"，但过度和无序监管不仅损伤单位积极性，亦对资金效果发挥无益。

第二，财政资金到位偏晚与不同补贴方式项目绩效评价周期"一刀切"形成矛盾，针对事后奖补与产业基金等新型扶持方式的评价机制仍处在探索阶段。

本次评价的"先进装备制造"专项资金，因为政策指南发布较晚、立项评审和股权投资程序等原因，实际拨付给用款单位时间较晚，大部分企业直至2017年初月份才收到款项，尚未来得及投入使用。尽管多数事后奖补项目是前期利用自筹资金完成，但毕竟针对财政支出的绩效评价；资金刚到位即开始评价，且对不同类别、不同扶持方式的项目统一评价周期（时段），也成为不少企业抱怨的内容。然后，针对本次评价涉及较多的事后奖补、产业基金等新型扶持方式落实资金，究竟应当如何实施绩效评价（如事后奖补对资金使用情况应不再考核、产业基金实际投资项目受合同约束也不该评价），目前在研究和实务领域都还处在探索当中。

五、原因分析

第一，政府扶持产业的市场观念及服务意识不强，依靠行政手段过多。

提供基本公共产品、扶持市场与产业发展是现代政府存在的基本职责之一，但我国服务型政府建设仍在进行中，部分市县级主管部门在潜意识里仍将专项资金及服务视同部门及个人权力，市场观念不足服务，服务意识相对薄弱。主要表现在：主管部门对部分项目申报及实施限制较多，依行政手段干预市场，对项目前期准备协助不到位，如资金到位或支付不及时，基层主管部门归因于财政部门，财政部门归因于主管部门手续不完整；如基建项目需依次取得规划、国土、建设、环保、财政等部门许可，但往往手续复杂，协调困难而延误进程。同时，信息公开不足、执法装备跟不上、监管力度不足等，亦为影响资金绩效的重要因素。

第二，部门与层级政府沟通协调不畅，面对工作的主动性和积极性有待提升。

从纵向来看，专项资金管理要求未能对省、市、县三级或同级有关政府部门在专项资金落实中所扮的角色进行清晰界定，或只做一些笼统的原则限制，也未形成操作的问责机制和办法。市县政府在资金实施中遇到问题，往往以上级没有明确规定或指示为由止步不前，而省级又强调已将自主权限下放，各地可自行决定。从横向来看，针对资金管理和使用过程中的一些难点问题，有关职能部门往往觉得涉面甚广，独其一家无法处理，却又不积极联系其他部门协商处理，背后即对自身责任意识认定不强，缺乏主动作为推动问题解决的积极性。同时，部分地区大部制改革后，上下级隶属关系中产生"一对多"或"多对一"情况，授权与制约关系错位，导致责任不明确。

第三，目标考核压力层层下传，但基层执行能力与资源保障未同步增长。

目标责任制在我国产生和发展于深刻的现实背景并具有重要的社会意义。有学者甚至认为：改革开放 40 年"中国奇迹"的产生亦在一定程度上得益于目标责任制的推行。对公共政策落实而言，它通过量化指标、层层考核把压力往下传导，从而实现执行效率的提高，但可能衍生政策主体责任难以落实的困境。

第四节　对策建议

本着全面推进，重点突破的工作思路，考虑本书的整体性与宏观性，我们从以下方面提出改进"先进装备制造"专项资金支出绩效的若干建议。

一、继续安排专项资金促进先进装备制造业发展，适当提高资助额度，完善财政扶持政策体系

第一，抓紧制订下一周期扶持政策计划，争取从源头上解决现有相关问题。

基于专项资金所取得的成绩，N 省省委书记和省长在 2017 年"先进装备制造"产业带及建设工作会议上分别指出："要持之以恒抓好中西部先进装备制造产业带建设工作，加快壮大规模，努力建设'中国制造 2025'国家级示范区"；"全省各地、各部门要切实把思想和行动统一，加大扶持力度，抓紧启动新的三年行动计划"。随后召开的省委常委会明确，继续安排财政资金"再搞三年"。为此，应由省经信委会同省财政厅尽快制定新的三年扶持政策措施，进一步支持产业带聚焦攻坚。同时，新的扶持政策制定应针对现有工作实践中出现的问题，包括各级各类监督检查、审计评价报告指出的问题，深入研究拿出办法，实质性地加以解决。

第二，省财政继续安排专项资金给予支持，并根据实际适当加大力度。

根据 2017 年"先进装备制造"产业带建设工作会议和省委常委会精神，省财政继续安排专项资金对中西部先进装备制造业发展予以扶持。在综合考量财力及必要性等因素基础上，可在总量或结构层面适当加大扶持力度，如有针

对性地提高对首台（套）重大技术装备研发及推广应用、重点产业项目引进落地等资助额度，落实省委省政府"以智能制造为主攻方向培育新兴支柱产业，继续以工作母机、新能源汽车和智能机器人为重点，培育骨干企业，壮大产业集群"的要求。

第三，建立完善的"先进装备制造"产业扶持政策体系，做好原有和调整政策的衔接。

省经信委应会同中西部各地及省有关部门，尽快研究制定"N省先进装备制造产业带聚焦攻坚三年行动计划"和"省扶持中西部先进装备制造业发展财政政策（2018～2020）"，使政策更加健全完善，重点明确。具体包括：一是统筹相关专项资金以及整合设立的省产业发展基金、省创新创业基金，落实好减免税费等措施，发动社会资本投入，形成多维度、多层次的扶持政策体系；二是优化政策资金结构，突出扶持重点，减少政策之间的交叉与重复（如研发费用补贴与科技部门相关专项重复等）；三是针对不同地区实行有差异的政策门槛，或给予部分地市一定政策浮动空间，增强政策公平性；四是做好新旧政策口径之间的协调与衔接，避免无效操作增加成本。

二、依实际有针对性地调整政策规则，如突出扶持重点、扩大受益面，提高上级指南与筛选机制的科学性

第一，针对部分地市适当调低资助门槛，聚焦产业发展的关键要素（比如投资和技术）进行扶持培育。

尽管2016年"先进装备制造"财政政策对部分专题的资助门槛进行了调低，但对于少数相对欠发达的区县，能够达到起步条件的产业项目也不多（不是每年都有）。针对这种情况，一方面可考虑在产业集约集聚、工作母机和优质项目等资助专题中，实行略有差异的资助门槛设计，使资助力量适当向欠发达市县倾斜，补强中西部先进装备制造业发展的"短板"。另一方面，要坚持针对产业发展关键要素（一是投资、二是技术）进行拉动的思路，千方百计稳定投资增速，突破关键技术，保障供给侧改革。

第二，改进省级首台（套）装备目录的研制过程，给予企业明确的自荐和论证渠道。

针对企业反映当前失衡及首台（套）装备目录的研制过程和目录本身存在问题，如确有存在，应予重视和推动解决。包括：一是在设备技术参数设定时适当留有弹性，实现对行业最前沿或特色创新装备研发的兼容；二是进一步

完善企业自荐的机制，安排专门渠道、专门时段收集、整理和汇总企业意见，对企业自荐首台（套）设备所需准备的材料及要求力求合理化；三是注重装备目录更新的及时性，即便难以做到每年更新，也应考虑前瞻性。

第三，加大对自主品牌和完全自主知识产权装备的支持力度，整合相近口径专项资金形成合力。

先进装备制造业发展要坚持创新驱动，集中资源攻关突破，努力掌握一批核心技术、核心装备、关键零部件，引领支撑装备制造业高端化发展。针对本次评价发现，企业在装备制造环节中拥有完全自主知识产权和着重加工装配存在典型区别的情况，财政扶持或奖补机制应当对此适当区分。应当充分认识到企业积累和培育自主品牌、掌握先进装备制造的全部技术、拥有完全自主知识产权的艰辛，立足自主创新解决核心技术供给不足，把这类项目的扶持力度予以提升，使之与加工装配或工艺改进的项目类别有所区别。

三、尽快解决影响股权投资操作的难点问题，改善项目遴选把关与额度确定机制，推进项目实施与效益发挥

第一，加紧出台股权资金退市尤其亏损状态下退市的实施细则，协调解决上市公司股权变更及用款困难。

要按照市场规则，依据被投资企业或项目的具体情况实施财政退出机制。特别是对股权资金退市的具体条件（如是项目完成还是投资达到目标）、标准（如收益率、保持时长等）、程序以及资金的后续用途等，应尽快予以明确，形成针对该项政府扶持政策的完整系统设计。更为重要的，是要厘清股权资金运营发生风险及负面收益的条件下，有关责任的分担以及终结处理机制。理论上，受托管理机构只提留少量的资金管理收益及服务费，对资金运作承担有限责任，那么一旦发生经营亏损，其应在多大程度上负责。建议由财政及相关部门联合研究，尽快明确相关处理规制，以消除托管机构的顾虑，亦更加符合市场投资的客观规律。对于上市公司面临股权变更和资金支出困难的情况，应考虑在保障安全的情况下，依实际情况适当放宽用款限制，打破母子公司之间的壁垒，同时有关资金合规性审查的机制也做相应调整，避免机械作出违规判定。

第二，加强各地项目遴选与投资金额监督，确保财政资金真正投于有实力、能及时配合推进项目的承担单位。

在立项评审环节，应进一步加强审核把关。省级主管部门应对因素法下达

各地实施的资金具体评审规则和资助金额确定机制给予更加明确的指导；同时切实根据企业资质、项目前景等项目筛选的基础，可聘请专业化研究机构以及行业专家，对项目申报材料进行实质性评审，同时加强立项前的现场考察评估，重视立项答辩等环节；尽量让不同立场和利益诉求的主体参与项目评审过程，继续确保将扶持资金落实到真正有发展前景、具备资助价值的优质项目。各地政府应破除招引大项目的惯性思维，避免将财政入股金额设定过高而不考虑项目公司的配资实力，减少投资不成功或进展缓慢的案例。

第三，简化投资程序，加快部门审批与落实跟踪督促，保证项目实施进展。

针对主管部门、受托管理机构和企业集中反映股权投资项目申报及评审程序烦琐、耗时太长的问题，一方面可按受托管理机构意见，让它们采取恰当方式提前介入（如参与立项调查、评审答辩环节等），从而加强在源头上把关，尽量（从资金运营和收益的角度）遴选出股权结构和经营状况更适合股权投资的项目单位予以资助，减少后期因为调整、中止和反复造成的延误。针对大型项目落地审批环节较多、耽误进度的问题，应加强政府职能部门之间的沟通协调，建立健全"一站式"集中审批机制，提升为企业服务的效率。各职能部门间应安排专人专员跟进项目进度，并加强沟通合作，使得项目实施在各环节、各层级、各部门间的协调更加流畅，减少行政手段对企业运营的干扰。

四、强化政策宣传，细化资金使用指引，着力解决项目评审周期与资金支付率考核的矛盾

第一，采取措施提升政策宣传效力，细化对各地集约集聚奖补等专题资金使用的指导。

应该进一步加强政策指导，如采用专题宣讲和媒体宣传相结合，推动有关政策下基层、进企业，加深基层主管部门和企业对政策的准确理解，避免因疑虑而耽误政策执行。针对个别地区对产业集聚区发展专题奖补资金不敢用、用不出的问题，建议有关部门出台更加具体的实施细则，进一步明确工作程序、扶持标准、项目验收和资金考核等具体规则，如对政策用途有调整，做好新旧政策口径之间的衔接，从而消除地方疑虑，提高资金使用效率。

第二，按扶持方式分类考核资金使用进度，避免因年度资助计划确定较晚给地市造成压力。

在财政资金支出进度考核与支出绩效评价的方面，应针对目前越来越多采

用的新型补贴方式，创新手段和技术规则，避免造成规则不适用、考评结果失真的问题。最为关键的，针对事后奖补、贷款贴息（先付后贴）方式落实的财政资金，不应再具体考核项目单位用款情况；对因素法提前下达的资金，支出进度考核应考虑当年上级文件出台的时间，留给地方必要的项目评审和付款操作时间。对部分地区特定专题资金滞留较多的情况，应对应具体问题，深入研究找准原因，有针对性地加以解决。

五、统筹各级各类监督检查与考评活动，减轻基层负担，探索对新型补贴方式的绩效评价办法

第一，整理各项督查考评，推进工作统筹与结果互认，避免基层应接不暇。

要设法清查及整合不同部门的多种监督手段。建议由各级人大牵头逐步规范专项资金监管业务，包括定期与不定期检查、审计、考核与绩效评价等，如通过建立固定的联合监管机制，推动相关工作统筹或不同督查方式结果的共享和互认，必要时出台相应规范文件甚至地方立法，尽量减少多头监督与重复监督，降低基层应对该类事务的压力和困扰。

第二，创新对事后奖补、产业基金等新型补贴方式的绩效评价机制，实行弹性化的评价时点选择。

一方面，应专门研究针对目前越来越多采用的新型补贴方式的绩效评价机制。比如制定专门针对事后奖补类资金的绩效管理办法，这类项目应更加注重补贴依据、补贴标准的事前评估，并适当关注项目效益的可持续性，减轻对资金支出率和使用合规性本身评价，即要平衡事前评估与事后监督之间的关系。另一方面，政府主导型产业基金的首要目的在发挥资金的撬动（放大）作用，降低企业融资成本（增加融资机会），然后才是实现一定投资收益。这三个方面应当成为产业基金绩效评价的关键指标。对政府直接参与的产业投资基金，还可考虑将被投资企业的经营水平和增长率以一定权重计入考核指标，并与管理团队的收益挂钩，提高管理团队投资和投后管理的积极性。对政府间接参与的产业投资基金，也可以按上述方式打通计算最终被投资企业的经营水平和增长率，同时将托管机构参股部分作为引导基金创造的回报来建立绩效考核指标，并按考核结果将引导基金所获收益的一定比例对管理团队进行奖励。建立管理团队的考核标准时，应更多考虑产业投资基金为相关产业做出的实际贡献。

　　应当根据专项资金拨付和项目实施的具体特点，进一步研究和选择合适的绩效评价周期，比如实行半年、两年、三年等更加灵活的评价时段，避免出现资金刚刚到位即要开展评价的尴尬局面。但同时也要排除选择过长的评价周期，使评价失去推动工作改善、绩效提升的实际效能。

第七章　人大主导的政府性基金
绩效评价实证探索

——以 H 省"战新创投基金"为例

在预算全面实施绩效管理背景下，除一般公共预算外的政府性基金、国有资本经营和社会保险基金"三本预算"都被要求全口径纳入绩效监控。显然，人大主导的财政绩效评价机制也应囊括这一范畴。但是，这三本预算与一般公共预算相比有着迥异的执行机理，以政府性基金为例，它通常为政府出资引导、吸纳社会资本共建并由专业市场主体独立进行运营的模式。国有资本经营和社会保险基金预算则更为特殊，甚至脱离了传统的资金主管部门、监督部门、使用单位组织架构。那么，对这些新的财政预算形态开展绩效评价，无论是否由人大主导，都需要在借鉴原有组织技术框架的基础上专门进行探索。

事实上，包括 N 省、H 省等在内的若干省市已开始在这些领域尝试实践，目前进展较好的是政府性基金运营绩效评价。因此，本书设专门一章，以2019 年 H 省人大委托对省级战略性新兴产业创业投资引导基金（简称"战新创投基金"）的绩效评价为例，通过对其实施方案及评价结果梳理，试图对人大主导模式下的非一般公共预算支出绩效评价作一经验性注脚。

第一节　评价说明

一、评价背景

战略性新兴产业是引领未来经济社会发展的重要力量。当前，H 省正处在转变发展方式、优化经济结构、转换增长动力的攻坚期，迫切需要适应新时代、新任务、新要求，充分利用全球创新资源，大力发展战略性新兴产业，培育壮大新动能，加快提升经济发展的质量和效益。2018 年 2 月，《H 省战略性新兴产业发展三年行动计划（2018～2020年）》出台，提出以人才、技术、标准为重点，以成果转化、品牌培育、军民融合为途径，以要素配置和优化环境为保障，通过组织实施十个专项行动，建设六大工程和一批产业基地集群，加快培育新一代信息技术、新能源汽车、节能环保等产业发展新高地，着力打造生物、新能源、高端装备、新材料产业竞争新优势，为构建H省现代化经济体系提供有力支撑。由此，省财政厅加大资金投入力度，通过调整优化省级财政产业发展资金支出方向，集中省级财政资金支持10个战略性新兴产业重点领域发展。设立省战略性新兴产业专项资金，同时扩大省战略性新兴产业创业投资引导基金规模，三年内将政府注资规模扩大到20亿元，引入银行资金、民间资本，力争总额达到100亿元；改革引导基金托管方式，提高母基金专业化管理水平，增加对重点项目的直接投资比例。截至目前，基金募集、投资、管理等具体情况如何，存在哪些问题及如何改进，需要通过专业第三方评价来回答。

二、评价范围与对象

纳入本次绩效评价范围的是省级财政在2018年度战略性新兴产业专项资金中切块列支的"战新创投基金"共1亿元，由H省发展和改革委员会（简称"省发改委"）作为主管部门，并委托H省江财产业引导股权投资基金有限公司（简称"江财公司"）按市场化原则进行管理。其中省财政出资部分由省财政部门发文确定列支，发文时间为2018年11月1日。

江财公司作为受托管理机构，负责基金日常运作并保障其有效利用，即将其作为绩效评价对象。在本次评价中，应由其在《自评报告》中按要求填报基金实施方案及运营架构的组建、托管银行遴选、投资风险监控和基金效益发挥等情况；但承担基金托管的商业银行和具体被投资企业（项目单位）受商业协议约束，原则上不属于专项资金绩效评价的范围，故不要求其自评，仅当有必要时选点进行走访座谈。

三、评价内容与指标

扶持产业发展的政府性基金绩效评价作为基金后续出资、对外投资、退出让利以及实施奖罚政策的重要基础和依据。政府主管部门和受托管理机构应结合绩效评价结果，有针对性地健全或调整基金的募投管退机制，从而增强基金运营合规性与对政策目标的回应性，进一步发挥基金投资效益和对实体经济扶持引导效能。政府性基金运营绩效评价在国内外都处于探索阶段，相关组织技术方法并不成熟，本次评价以不同省市同类项目经验为基础，将评价内容划分为三个层面：一是宏观层面关于基金设立和运营管理办法的科学性与可行性，包括对基金设立背景、政策需求与论证过程、组建方式与运营路径、投入方向与结构安排、运营目标设置与投资定位、风险防控方案等的完善程度及可操作性进行评价，这是针对基金整体，以专家评价为主；二是中观层面关于基金运营与投资管理实施的有效性，包括基金各类注资来源的保障、运营管理机构组织健全、各类管理制度落实并采取有效监管措施以确保基金运营效率等，这一层次同时涉及基金整体和结构分析，由第三方课题组结合专家意见进行评价；三是微观层面关于基金投资过程的合规性与效益发挥情况，是否达成预定绩效目标，这一层次主要针对具体投资项目，由第三方课题组在现场调研及综合各类信息的基础上评价。同时，评价重点分析和尝试回答五个问题：一是基金组建方案、运营架构及管理制度的科学性；二是基金筹集、子基金设立与项目投资进展情况；三是基金运管流程规范性与投资评审、风险防控等机制有效性；四是基金投资领域与政策方向一致性；五是基金效益发挥及其目标实现程度。

进一步考虑人大主导财政支出绩效评价技术体系的统一逻辑，政府性基金既为财政资金管理的一种形式，其绩效亦可通过"论证决策—资金到位—管理实施—目标实现"的逻辑链条进行评价，只是就基金运作的实际来讲，如目前确在投资初期，则以资金管理绩效的宏观评价为主。这样，为使略去资金使用绩效后的评价内容相对全面，我们扩展采用9项指标（见表7-1）进行评分，但相对降低总体目标实现程度、基金投入公共属性与基金政策可持续性等后端指标权重（以前端评价为主，因为基金成立时间较短，尚处于初创阶段，评价内容主要以合规性为重点）；类似地，针对其中"总体目标实现程度"亦单独设计了3项个性化指标，分别为投资对象覆盖率、基金运营效率和融资帮助效果。

表7-1　　　　　　H省"战新创投基金"绩效评价指标体系

指标名称	权重（%）	评分参考标准
1. 基金设立必要性	10	（1）资金投向占50分，符合公共财政投入及产业基金扶持方向得40～50分，否则酌情扣分 （2）分配方案合理性及依据占50分，其中按年度、地区、项目分配合理占30分，提供评审与论证依据占20分，根据实际情况评分

续表

指标名称	权重 （％）	评分参考标准		
2. 规划论证 充分性	15	（1）实施方案与论证占60分，有完整的实施方案及可行性研究报告（论证充分）得50分以上，实施方案或可行性论证欠充分得20～50分，无方案或论证得10分以下 （2）按民主程序设立审批占40分，有完整的论证审批程序得30分，论证审批程序部分完整得20～30分，没有论证审批得0分		
3. 绩效目标 科学性	10	（1）目标完整占30分，有该专项资金支出的总体绩效目标得20分以上，目标不完整得10～20分，无目标得0分 （2）目标具体化占40分，有根据总体目标分解成年度计划得30分以上，部分分解为年度改造计划得10～30分，无年度计划分解得10分以下 （3）目标值合理占30分，合理可实现并提供调研/论证依据得20分以上，部分合理或不能提供依据得10～20分，不合理得10分以下		
4. 管理办法 可行性	15	（1）管理制度健全占40分。包括资金管理办法、项目指南、指导意见、实施细则、资金及项目监管上的其他要求等，视其内容完备性评分 （2）管理办法可行占60分。其中设定绩效目标20分，明确各方权责20分，相关要求切实可行占20分，根据实际情况评分		
5. 实施过程 规范性	15	反映专项资金实施过程的各环节是否按规定规范进行，可具体化为立项规划论证、绩效目标设计、资金预算保障、项目申报遴选、资金支付管理、项目执行监管等方面，根据实际情况和佐证材料酌情评分，再取平均值		
6. 总体目标 实现程度	10	投资对象 覆盖率	3	（1）扶持对象覆盖情况占50分，覆盖所有符合条件（被推荐或计划扶持）的对象得50分，否则按比例扣分 （2）扶持对象增长情况占50分，年增长率达到50%得50分，否则按比例扣分
		基金运营 效率	4	（1）投资放大倍数占50分，总体达到预期放大倍数得50分，否则按比例扣分 （2）贷款利率优惠占50分，100%符合预期利率（优惠幅度）得50分，否则按比例扣分
		融资帮助 效果	3	（1）接受程度占30分，该政策获得绝大多数企业（单位）欢迎得30分，否则酌情扣分 （2）融资困难缓解占70分，该政策使绝大多数企业（单位）融资困难情况得到缓解得70分，否则视实际情况扣分
7. 基金投入 公共属性	5	（1）明确财政投入的方向、职责与目标定位占50分，基金投资与企业（市场）自主投资方向、职责与目标等区分明确得30分以上，有所区分得30～40分，区分或定位不明确得20分以下 （2）政策外溢效果占50分，产生正的外部效应（如行业带动、示范引导、公共服务等）得10分以上，产生负的外部效应（如非公平竞争）酌情扣分		

续表

指标名称	权重 （%）	评分参考标准
8. 基金政策 可持续性	5	（1）机构及人员持续性有保障占 30 分，完全有保障得 30 分，部分有保障得 10～20 分，没有保障得 0 分，不能提供佐证材料最少扣 10 分 （2）管理机制持续性有保障占 20 分，完全有保障得 20 分，部分有保障得 10 分，没有保障得 0 分，不能提供佐证材料最少扣 10 分 （3）资金筹集持续性有保障占 30 分，完全有保障得 30 分，部分有保障得 10～20 分，没有保障得 0 分，不能提供佐证材料最少扣 10 分 （4）政策环境持续性有保障占 20 分，完全有保障得 30 分，部分有保障得 10 分，没有保障得 0 分，不能提供佐证材料最少扣 10 分
9. 专家 满意度	15	对应基金政策内容设计满意度调查问卷，具体化为对基金投资方式、资金投向/分配、授信评估程序、基金运管合规性、基金效益可持续性等满意度和总体满意度，根据专家调查结果评定

资料来源：笔者自制。

四、评价组织流程

按照一般的流程，基金运营绩效评价包含单位自评、书面评审和现场核查三个主要环节。结合本次评价需要，我们制定了详细的时间进度表（见表 7 - 2）。

表 7 - 2　　　　　**H 省"战新创投基金"运营绩效评价工作安排**

序号	程序	工作内容	实施时间
1	材料收集	受托管理机构完成基金自评并将自评报告、自评分表及相关佐证材料汇总提交给评价方	2019 年 3 月 1 日前
2	进场见面会 与材料补充	评价方组织专家做好自评资料的初检后，完成需补充的材料清单，并于现场见面后收齐补充资料	2019 年 3 月 15 日前
3	书面审核	专家通过查阅自评材料，对基金运管情况进行初步了解和评价，并与受托管理机构进行有针对性讨论	2019 年 3 月 31 日前
4	单位现场核查	根据书面审核情况，由专家小组到受托管理机构进行实地评价，包括听取部分投资项目情况汇报，查阅、核实有关账目及采集相关数据，对实物资产进行现场盘点，提出问题以及建议	2019 年 4 月 20 日前
5	问题清单初稿 的提交与反馈	评价方根据现场评价整体结果将发现的问题进行归纳汇总后提交给受托管理机构，受托管理机构进行解答，并进行相关的材料补充	2019 年 4 月 30 日前

续表

序号	程序	工作内容	实施时间
6	项目现场核查	根据省人大要求，对截至 2018 年 12 月 31 日的基金已投资项目，选取有代表性的部分进行深入、具体、独立客观的核查。主要采取现场答辩和实地勘察（包括勘察，访谈，查验核实材料、账务、资产实物，问卷调查等）的方式，核查发现问题与现场评价对象进行适当沟通并征询其意见，做到依法依规、实事求是、客观公正	2019 年 5 月 31 日前
7	专家评审及问题评审	通过全部资料的收集、汇总、分析、综合，就基金相关的政策制定、政策执行和政策效果等进行综合评价，组织专家分别采用"背靠背"和"面对面"方式评议，然后汇总所有专家的意见，形成最后的评价结论	2019 年 6 月 10 日前
8	整体汇报	评价方根据评价结果，在省人大组织专家听取基金运营机构汇报，并根据调查中所发现的问题进行提问并给予相应的建议	2019 年 6 月 20 日前
9	评审单位意见反馈	评价方将评分表和复核意见以书面形式征求受托管理机构的意见，并将专家组对反馈意见采纳情况回函告知	2019 年 6 月 30 日前
10	完成评价报告终稿	评价方根据反馈意见进行报告修改，完成终稿	2019 年 7 月 8 日前
11	省人大完成验收	省人大对评价方提供的《评价报告》及相关成果进行验收	2019 年 7 月 20 日前

资料来源：笔者自制。

第二节　基金及托管机构自评简况

一、基金成立与目标规划

按照《H 省战略性新兴产业创业投资引导基金管理暂行办法》（简称《管理暂行办法》）发布时间，"战新创投基金"成立于 2016 年 1 月 5 日（理事会委托江财公司托管协议签订时间为 2016 年 7 月 28 日）。基金定性为是省政府出资设立、按市场化方式运作、专项支持全省战略性新兴产业发展的政策性基金。基金的资金来源主要包括 H 省战略性新兴产业专项资金、引导基金运作所产生的收益、社会资金等。在国家层面，基金设立所依据的文件主要有《创业投资企业管理暂行办法》《国务院办公厅转发发展改革委等部门关于创业投资引导基金规范设立与运作指导意见的通知》《新兴产业创投计划参股创业投资基金管理暂行办法》《省级产业引导股权投资基金实施方案》等。

《管理暂行办法》对基金运营所应达成的目标做了一定程度的阐述。其中作为政策性基金，主要宗旨是发挥财政资金的杠杆放大效应，探索政府资金支持产业发展的新方式，增加创业投资资本供给，吸引更多社会资金投入战略新兴产业。与此同时，也对基金放大倍数和投资比例、让利原则等做了具体规定。比如：基金对每支参股子基金的出资原则上不超过参股基金注册资本或承诺出资额的20%，这实际是提出了引导基金对社会资本不低于1∶4的杠杆率目标；并且参股基金投资于设立时确定的战略性新兴产业领域、投资于初创期和早中期创新型企业、投资于H省内的资金额度三个"不低于60%"，投资于单个企业累计不得超过基金可投资规模的20%，还提出引导基金可将不超过投资收益的50%作为被跟进投资机构的效益奖励。这些都是基金投资管理方面的具体指标要求。

二、基金运营管理方案

"战新创投基金"实行决策、评审和日常管理相分离的管理体制。省发改委作为主管部门，牵头设立理事会作为决策机构，其职责包括：审定评审委员会组建方案及评审规程；根据评审委员会的评审意见，审定受托管理机构提交的引导基金投资和退出方案；审定跟进投资机构名单；审定绩效考核与奖惩事项；根据业务开展情况对引导基金受托管理机构、托管银行进行调整；引导基金其他决策事项。基金设立评审委员会为决策支撑机构，由理事会按照不同决策事项，聘请政府部门、战略性新兴产业专家及投资、管理、财务、法律等方面专家组成，专家人数不少于60%，其主要职责是评审投资基金组建方案、增资方案和跟进投资方案、引导基金退出方案，评审受托管理机构完成的尽职调查报告等。理事会办公室设在省发改委，承担理事会和评审委员会的日常工作。基金受托管理机构为江财公司，性质为有限责任公司，在主管部门授权范围内代行引导基金出资人职责，负责引导基金的日常管理，并通过招投标方式确定中国建设银行股份有限公司H省分行作为引导基金托管银行。

现阶段引导基金主要采用参股基金和跟进投资两种方式运作，以后可根据全省战略性新兴产业发展和引导基金运行情况试行新的投资方式。一是引导基金通过参股方式，与社会资本（国家资金、市县政府资金也可参与）

共同发起设立创业投资基金，包括投资于成长期企业的股权投资基金，或者通过增资方式参与现有创业投资基金；二是引导基金以同等条件对股权投资基金投资的创业企业进行跟踪投资。《管理暂行办法》也对引导基金投资形成的股权提出了退出方式的基本设想，包括参股设立基金到期清算或破产清算，将股权优先转让给其他股东、合伙人或被跟进投资的投资机构或由这些单位约定回购，通过公司上市、企业并购等转让股份，以及其他法律法规允许的方式。

三、基金绩效自评及其组织质量

江财公司作为基金运营管理机构，按要求填写了《自评报告》，并递交相应佐证材料。从结果看，江财公司对"战新创投基金"给出的自评总分为100分，17个绩效指标得分率均为100%。江财公司在《自评报告》中对该基金运营的成绩和存在问题分别做了概括。

本次评价中，江财公司作为实际负责基金运营的单位，较为完整、清晰地填写了自评报告，并提供了较为详尽的佐证材料。最为关键地，对"战新创投基金"运营至今发现的主要问题、原因和下一步工作建议概括较为全面且到位。综合起来，第三方对其自评工作质量评分为89.1分，等级为良且评分较高，其中材料完整性、报送及时性和材料有效性3项指标的得分率依次为89.5%、92.0%、86.6%。

第三节 基金绩效第三方评价结果

一、基金整体绩效

首先，依据各维度评价结果（仅含自评工作质量与基金管理绩效两个维度），计算"战新创投基金"整体绩效评分（均值）为83.3分，等级为良（见图7-1）。其中：自评工作质量（第三方评价）评分为89.1分，资金管理绩效（专家评审）评分为82.7分。这一评分的依据：一是受托管理机构按时按要求提交了完整的自评材料，有效性较高，特别是对基金运管所取得的成绩、存在问题与下一步工作建议提炼较有针对性；二是总体上基金处在运营初（中）期，效益还有待进一步发挥。

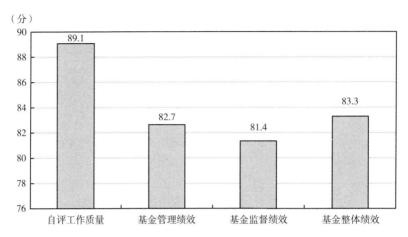

图 7-1　"战新创投基金"整体绩效及相关维度评价结果

资料来源：笔者自制。

二、基金管理绩效

采用基金设立的必要性等 9 项指标对"战新创投基金"管理绩效进一步评价，13 位受邀专家的匿名评审结果显示：基金管理绩效评分（均值）为 82.7 分，尽管等级为良，但评分有待提高［见图 7-2（a）］。评审专家普遍对该基金设立必要性（86.3%）、实施过程规范性（85.8%）指标评分较高，对基金投入公共属性（79.5%）、绩效目标科学性（80.9%）和专家满意度（78.7%）评分较低。其中按评价方案设定，考虑基金处在运营初（中）期，适当调低了目标实现程度指标权重，但反映基金总体运营效益的 3 项具体指标［见图 7-2（b）］，投资对象覆盖率（78.3%）得分率仍有待提高。

归纳评审专家反馈的意见即各项指标评分理由：

一是基金设立必要性。专家普遍认为：由政府出资引导设立创投基金十分必要，不仅是国内外支持科技或新兴产业发展的普遍做法，也是探索财政扶持方式市场化改革的重要举措，其直观的作用在于提高财政资金放大倍数，增加产业资本供给，降低特定类型企业融资成本，形成有针对性的服务机制。不足之处为按照基金目前监管导向和运营模式，能在多大程度上给战新产业融资提供帮助还有待检验。

二是规划论证充分性。"战新创投基金"在成立之前进行过较为充分的调查研究，包括收集、总结和借鉴了国内外同类基金设立和运营的成功经验，并结合 H 省实际对基金放大倍数、投资方式、运营管理机制等进行了认真设计，

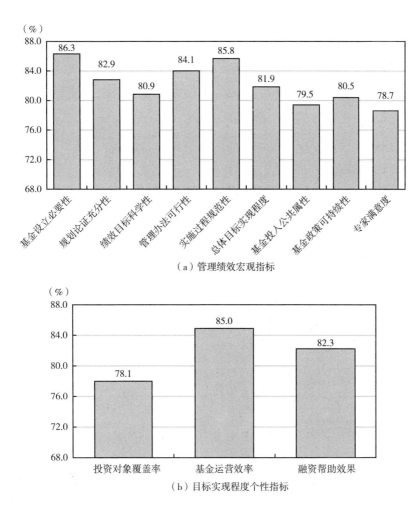

（a）管理绩效宏观指标

（b）目标实现程度个性指标

图7－2 "战新创投基金"管理绩效评价指标得分率

资料来源：笔者自制。

这从现有相对细致的基金管理办法可见一斑。不足之处为目前投资方式相对单一，且以资金安全为导向，对风险宽容度不足，未能凸出政府扶持初创（成长）期战新企业的职责，基金政策性定位与市场化运营（效益目标）之间存在一定矛盾。

三是绩效目标设置科学性。管理办法对基金的功能定位和运营宗旨进行了明确设计，作为政策性引导基金，主要为了"发挥财政资金的杠杆放大效应，增加创业投资资本供给"，其中也对基金放大倍数（1∶4杠杆率）和投资比例（三个不低于60%）、让利原则等做了具体规定。但从实践来看，一方面这些具体指标的设置与市场实际（需求或接受度）存在一定偏差，其科学性仍有待进一步检验；另一方面引导基金的目的是否仅为了资本放大，是否需在行业共性、知识性与风险性研发应用方面提供一定支持，特别是对相关行业企业融资成本降低、融资帮助效果、投资覆盖面以及服务对象规模效益提升等方面，仍缺乏科学预判。

四是管理办法可行性。省发展和改革委员会（以下简称发改委）出台了《H省战略性新兴产业创业投资引导基金管理暂行办法》，其内容较为细致，也相对合理，对基金前期的组建运营起到了良好的指导作用；受托管理机构针对基金业务操作、投后管理、风险控制等关键环节也制定了专门的管理办法（实施细则），加上两级托管协议的约束，较为有效地保障了基金运管规范；但是随着政策及市场形势变化，现有管理规则的部分内容也需再调整优化，比如针对子基金工商注册受限的情况，应考虑增加其他新的投资方式。

五是实施过程规范性。基金从一开始就建立了政府主管部门—受托管理机构—托管银行三级运营管理架构，总体运营方式和损益分配原则都由托管合同约定；截至目前，基金已运营将近三年，从现有投资项目来看，其实施过程较为规范，没有发现明显违规问题。

六是总体目标实现程度。基金按计划成立，相关管理组织架构有序建立，基金运营已入正轨；从运营结果看，通过向社会资本募资（认缴）达到了一定规模，财政资金发挥了较强的杠杆作用（实际放大 22 倍），参股基金累计已投出 119 亿元（占总规模约 56%）；但是不足之处：一方面基金处在运营中期，已投项目数量仍较少（共 38 个），相对行业需求来说覆盖率偏低；另一方面基金总投早中期项目 22 个，投出金额占实投总量仅 4.6%，未达到办法设定 60% 目标。

七是基金投入公共属性。"战新创投基金"针对 H 省战略性新兴产业企业项目，旨在降低其融资难度增加资本供给，系弥补市场自身缺陷的必要投入；但从目前监管导向看，投资趋于稳健，风险偏好不足，未能充分聚焦于"市场间隙"领域，一定程度削弱了资金的公共属性；并且目前基金投资更多依赖于托管机构的市场化授信规则，对大多数企业而言门槛仍不低，未能形成政策性基金的专门投资标准。

八是基金政策可持续性。"战新创投基金"设立和投入服务于 H 省战略性新兴产业尤其早中期科技企业发展，亦是进行财政经营性领域扶持方式市场化改革的重要趋势，目前已形成较完整的多级运管结构，由专业团队负责管理，总体上其可持续性较高。不足之处为受国家政策影响，工商部门暂停了基金企业工商登记，自 2019 年以来无法按参股子基金的原有方式实现投资。

九是专家满意度。基于以上各项指标判断和评价，综合起来，评审专家对该基金满意度评分趋于中性，均值为 78.7 分，属于中等，也有进一步提升的空间。

三、基金监督绩效

从评价内容体系看，"战新创投基金"的监督绩效评价十分重要，因为产业基金作为一种新的财政扶持方式，目前推进实施与发挥效益的一个难点即在于基金管理架构内不同主体的监督职责划分不明确（包括财政部门、主管部门、受托管理机构和其他社会出资人都存在监督权责）。然而正因如此，监督绩效评价结果便难以定位或归责到某一特定主体。考虑这一特殊性，为避免误导，本次评价暂不将资金监督绩效计入基金整体绩效。

依评价方案，也采用明确监督职责等 6 项指标，通过专家评审方式进行评价。结果显示："战新创投基金"监督绩效评分（均值）为 81.4 分，等级为良。从 6 项具体指标得分率来看，均达到或接近 80%，其中较高的是采取监督措施（84.4%）、制定监督办法（83.8%）和违规项目问责（83.6%），较低的是明确监督职责（78.8%）和审批基金投放（78.0%）指标（见图 7 - 3）。

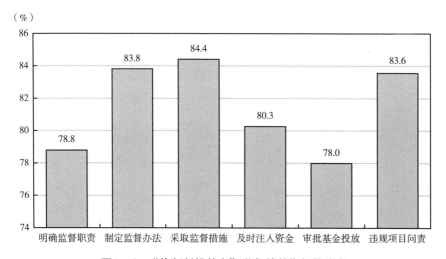

图 7 - 3　"战新创投基金"监督绩效指标得分率

资料来源：笔者自制。

进一步讲，在现行财政体制框架下，政府引导基金的监督责任构成颇为复杂：原则上基金实行市场化运作，由受托管理机构独立运营管理，但是政府主管部门与基金运营业绩存在关联，且财政部门对基金每一阶段的注资和提取划拨均要求监审；即便在"政府主管部门—受托管理机构—基金托管银行"三级管理架构下，不同主体对于基金运营投资的合规性监督以及风险控制等亦有不同职责重心；如加入社会出资人及其他政府部门考量，则关系更加多头，现有制度文本并没有能够很好地厘清。从"战新创投基金"实践看：省级制定了较为细致的管理办法（暂行），对基金宗旨、组建架构、投资方式和监督管理等都做了明确；受托管理机构出于自身效益与合规性考量，也建立了比较健全的运营监管和风险防控机制；但是由于多重因素作用，各类出资人的出资意愿和注资进度欠佳，且受到工商注册登记限制，原计划通过参股子基金的投资方式在 2019 年已无法进行，影响基金放效率。总体上，我国该类扶持政策启动时间尚短，因此，监管职责划分不明确与配套政策不完善几乎是一个共性的问题。这些都需要多个部门共同协商，努力解决。

第四节　基金实施绩效表现

一、主要成绩

第一，基金按计划成立运营，建立了较完整的运营管理和风险防控机制。

"战新创投基金"成立于 2016 年 7 月，由省发改委委托江财公司负责管理（2016 年 7 月 28 日签署委托管理协议，明确了双方的权利和义务）。早在 2016 年 1 月，省发改委就制定了《H 省战略性新兴产业创业投资引导基金管理暂行办法》，作为基金运营管理的规范性文件，结合 H 省实际对基金放大倍数、投资方式、运营管理机制等进行了认真设计，其内容较为细致，也相对合理。从提交的自评材料看，受托管理机构针对基金业务操作、投后管理、风险控制等关键环节也制定了专门的管理办法（实施细则），加上两级托管协议的约束，较为有效地保障了基金运管规范。并且省发改委每年均发布《战略性新兴产业创业投资引导基金申报指南》，对基金申报投资工作进行有效指导。

受托管理机构提供的资料显示，2016 年 9 月和 2017 年 9 月基金召开了两次理事会，审议通过 12 家合作机构，但有 5 家参股子基金因出资人变动不再参与运作，故截至 2018 年底实际参股设立的子基金有 7 支。2017 年，省政府先后批复了 H 省新型显示产业发展基金、跨区域产业和跨区域协同 3 支专项基金，其中，H 省新型显示产业发展基金由江财公司出资 7 亿元（代表战新创投基金出资 3.5 亿元），现已完成 95 亿元项目投资；跨区域产业基金由江财公司从战新创投基金出资 2 亿元，现已完成 16 亿元投资；跨区域协同基金由江财公司从战新创投基金出资 3 亿元，现合伙协议基本达成一致，牵头部门正协调各出资方办理工商注册事宜。2018 年 1 月，理事会批复同意江财公司代表"战新创投基金"参股 H 省国创创业投资有限公司（该基金是 2012 年 H 省科技投资中心代表省发改委与国家新兴产业基金合作设立），从"战新创投基金"中出资 2500 万元。截至评价日，"战新创投基金"已运营接近三年，其管理架构趋于完善，投资步入正轨，并发挥了一定经济社会效益。

第二，基金募集和已投出金额达到较大规模，财政资金实际放大 22 倍。

据统计，截至 2019 年 3 月 31 日，"战新创投基金"已参股设立的子基金有 7 支，总规模为 212.5 亿元，其中基金认缴出资 7.55 亿元，实际出资 5.65 亿元，撬动社会资本为 122.133 亿元，引导基金资金放大倍数达到 22 倍。进一步地，基金参股子基金共已投资项目 38 个，累计投资金额为 119 亿元，全部投向新一代信息技术、节能环保、新能源、新材料、生物等新兴产业，其中投资省内企业 26 家，投资金额 109.3 亿元，占投资总量的 91.9%；这两项指标达到了《管理暂行办法》设定目标。目前基金投资早中期初创期项目共 22 个，投资金额 5.0 亿元，占投资总量的 4.6%，在一定程度上缓解了中小企业融资难问题。可以看出，在运营不到三年的情况下，基金募集和已投出金额达到较大规模，将得以持续发挥对战新产业的资本供给作用。例如：H 省新型显示产业发展基金是"战新创投基金"与 H 省科技投资中心、L 市新型显示产业发展基金、华夏幸福基业股份有限公司和长城新盛信托有限责任公司共同出资设立，总规模 101 亿元，其中"战新创投基金"出资 3.5 亿元；2018 年 3 月，基金投资云谷科技有限公司 95 亿元，重点支持 AMOLED 项目建设，带动了 H 省新一代信息技术产业发展。跨区域产业协同发展投资基金总规模为 100 亿元，其中"战新创投基金"认缴出资 2 亿元，目前基金实缴规模为 23.288 亿元，其中"战新创投基金"实缴为 0.58 亿元；完成投资 7 个项目，投资总额为 6.945 亿元，其中投资精雕科技集团有限公司为 7.5 亿元、投资 ZD 高温合金材料股份有限公司为 9450 万元，有力地支持了 H 省高端装备产业发展。

第三，一定程度上缓解了企业融资困难，支持了 H 省战略性新兴产业发展。

在全球宏观经济下行的背景下，实体经济结构性供需失衡，有效需求增长乏力，民间投资尤其高科技领域投资低迷，"战新创投基金"坚持以"财政支持＋基金带动"等财政金融服务模式，吸引了较大规模的社会资本投向实体经济，可为 H 省战略性新兴产业的重点企业和重点项目提供坚实的融资支持。具体来讲，通过引导基金参股子基金和跟投社会资本的方式，为战略性新兴行业企业、初创期企业增添发展动力，为成长期企业激活创新活力，为成熟型企业挖掘持续潜力。在"创投引导基金"帮助下，可一定程度上为企业摆脱融资困境、降低融资成本、提高品牌实力和知名度，从而达到增强其市场竞争力及产业整体发展水平；同时基于基金的"背书"作用，企业也可引入其他战略投资者，其估值或因增信而得到提升。

二、存在问题

（一）设计与募集方面

一是基金政策性导向（增加创投资本供给）与市场化运作（保值增值目标）之间存在矛盾，一定程度导致投资标的遴选困难。这一矛盾在全国同类型的政府引导基金运营管理中普遍存在。就 H 省"战新创投基金"而言，其定位为省政府出资设立、市场化运作、专项支持全省战略性新兴产业发展的"政策性基金"，主要宗旨是"发挥财政资金的杠杆放大效应，增加创业投资资本供给，吸引更多社会资金投入战略性新兴产业"。可见，政策引导功能是基金首要的定位，即突出对战新产业尤其省内初创期或早中期创新型企业的融资帮助效果。这从其对参股基金投资于设立时确定的战新产业领域的资金额度、投资于初创期和早中期创新型企业的资金额度、投资于 H 省内的资金额度"三个"不低于实际投资额 60% 的要求可得佐证。然而，在目前交易结构和运管规则下，这一导向实际内含了两个明显障碍。一是财政出资部分必须确保财政资金的保值增值，即基金投资的安全（稳健）性是不能违背的原则，这与投资初创期或早中期企业的高风险偏好天然相左。二是按市场化方式运作必然追求投资收益，这不仅是受托管理机构的市场属性使然，更是与社会资本合作投资成功的必须。但正如托管机构所言，这种设计"逻辑上无矛盾，操作上有困难"，其更多转化为一种投资标的遴选上的"顾虑"，只能去投"又安全又见效"的项目，最终导致可投项目门槛很高。目前采用参股和跟投两种投资方式，并设定"优先退出"和"风险分担"原则，且无相应的风险容错机制，都是出于资金安全保障的考虑。既然基金设立的初衷是为战新成长企业增加资本供给，这便限制了其可投项目范围难以大幅扩张，使其政策效益不能更好发挥。

二是受基金募集的杠杆率、区域返投比例与责权利等要求影响，社会资本出资意愿有待提高，制约基金规模进一步扩张。"战新创投基金"通过参股子基金的方式实现放大和投资时，规定"每支子基金募集资金总额不低于1亿元人民币，引导基金出资原则上不超过子基金注册资本或承诺出资额的20%"，这相当于设定了引导基金对其他社会资本为1∶4的杠杆率要求。虽然这一比例不算太高（如其他省市同类基金有设定1∶9的要求），但考虑到H省经济水平、产业基础与资本市场发育情况，特别在宏观经济下行的形势下，这仍给基金募集放大带来一定压力。从现已参股设立的7支子基金来看，有一定比例的被募集资本来自地方政府或由国有投资平台带地方政府出资（平均占比约10%），其他均来自特定行业龙头企业或受托管理机构跟投。此外，子基金对除财政以外的出资人和受托管理机构所处地域并无明确限制，但基金成立后要求返投H省内企业比例不低于60%，存在一定矛盾；加上要求投资初创期和早中期创新型企业的比例不低于60%，实际提高了投资风险偏好；这都对社会资本出资意愿造成影响。更为重要的，政府引导基金相比纯市场化基金成本优势不明显，管理办法规定财政资金可随时退出，却与社会出资人"风险共担"，责权利不完全一致，使之对社会资本和被投项目的吸引力欠佳。当然，受国家金融秩序专项整治行动的影响，工商部门叫停了基金企业工商登记（现仍暂停），2019年以来无法按原有方式完成参股子基金注册，这也使基金投资进度遭到迟滞。

（二）投资与管理方面

一是目前主要采用参股和跟投两种投资方式，尽管保障了基金安全，但也使其对产业项目发展的主动引导作用受限。基金管理暂行办法规定，现阶段"战新创投基金"主要采用参股基金和跟进投资等方式运作（以后可根据情况试行新的投资方式）。如前所述，这两种方式在确保基金运作安全方面卓有成效，但是也存在一定的"副作用"。一方面，由于社会资本出资比例高，子基金投资决策实质上受社会投资者意愿主导（通过受托管理机构表达），"战新创投基金"为跟投，难以发挥对产业发展方向的主动引导效应和对项目建设的有效调控作用。另一方面，基金运作时缺乏本金和利息的退出保障机制，加上杠杆比例较高，受托管理机构往往只能按照市场化标准去选择项目，导致政府引导基金和市场化基金的投向交叉重叠，未能形成专属的投资领域和投资标准。事实上，纵观国际经验，政府性基金的定位主要是覆盖一般商业性基金难以解决的"投资间隙"，政府引导基金应承担必要的风险，而不是一味追求稳妥。显然，在这方面经验仍需进一步积累。

二是基金宣传力度和行业知名度仍需提高，投资方式及产品（服务）的层次性有待丰富。"战新创投基金"无论是参股还是跟投，目前都以受托管理机构主动发现项目、"点对点"洽谈以确定投资标的为主，较少通过其他渠道进行普遍性宣传。而仅在省级层面，名称相近的政府引导基金也不止一种，企业及相关市场主体难以把握其投资领域和投资方式上的细微差别。本次评价中，第三方现场核查的企业或主管部门、行业专家均表示，对以"战新创投基金"为代表的政府引导型产业基金政策内容了解较为有限，基金的宣传力度及行业知名度都比较欠缺，大部分需要资本支持的企业仍缺乏渠道和条件接受基金服务。尽管随着运营时间渐长，基于基金的产品开发日趋多元化，投资所针对的客户层次性和阶段性都会有所扩展，但真正为市场所认同仍需花费力气。

（三）效益与退出方面

一是基金尚处在运营初（中）期，总体规模与投资效益还需进一步提升，个别指标未达到运营管理要求。基金成立至今不足三年，相对基金预设的运作周期5~7年（一般产业基金运作周期为8~10年）来讲仍处于前端。尽管通过向社会资本募资（认缴）达到了一定规模（共212.5亿元），但其总体交易结构和运管规则仍有待完善（投资方式单一且受限），实际投资项目数量较少（共38个），累计投出金额（119亿元）占总规模比例（约56%）仍需进一步提高。管理办法要求每支参股子基金投资于初创期和早中期创新型企业的资金额度不低于实际投资额60%；据受托管理机构统计，目前基金总体投资早中期初创期项目22个，投资金额5亿元，占投资总量仅4.6%，未达到办法设定目标。不仅如此，受组建方案中有关基金募集的"承诺认缴"机制和"1：4杠杆率"影响，在市场不确定的情况下，社会投资者的出资进度受到制约，从而影响财政资金（母基金）撬动能力的进一步发挥。

二是包括企业属地界定、基金退出机制等在内的运营管理办法部分内容仍需细化，基金运管团队仍需优化。一方面，管理办法规定参股子基金成立后返投H省内企业比例不得低于实际投资额的60%，但对"什么样的企业才是省内企业"缺乏明确界定标准，在实际操作中（尤其对于从省外引进项目落地）存在多种复杂情形，不利于受托管理机构进行投资的合规性审核。另一方面，管理办法也提出"战新创投基金"投资形成的股权可通过到期清算或破产清算、将股权优先转让给其他股东/合伙人或被跟进投资的投资机构或由这些单位约定回购、公司上市（企业）并购等转让股份以及其他法律法规允许的方式实现退出，但对于具体退出的条件、程序、责任分担等尚未进一步细化明确。这可能因为基金尚在运营、未到退出阶段所致。最关键的问题是对基金发生风险或亏损状态下如何退出尚无充分考量（办法有提出相应原则，但仍不够具体），需要在一段时间内尽快研究处理。

第五节　若干建议

一、进一步明确基金政策定位与目标导向，恪守政府职能与市场边界，改进支持重点

第一，转变支持理念，适当放松对资金"安全保障"的追求，更加致力于公共性、知识性与高成长性产业项目资助。转变政策性基金运营管理理念，不仅要从以往首要保证资金安全性的思维中解脱出来，明确政府资助企业与一般商业性投资不同的性质，更要找到政府的着力重点和职能边界。公共经济学经典理论与成熟市场经济国家的经验均已表明，之所以需要政府对经营性领域进行扶持性投资，是因为存在一般商业性投资（市场行为）不愿涉足的高风险、长期性、大资本的"间隙"领域，如为战略性新兴产业技术、风险较高的行业共性或关键技术、为企业成长性好的中小企业提供创业启动资金等。而这恰恰应成为政府引导基金进行投资应当涉足的方向。从某种程度上讲，政府介入这些领域，即不可将传统投资的固定期限、约定收益和安全保证等思维带入其中，而是要主动承担必要的风险，甚至不以追求一种确定性的结果作为出发点，更不能图"立竿见影"。要是结果或收益相对确定的工作，诸如成熟产业技术的运用、产能规模的调整扩张等，可交由市场机制自行运作。只有逐步树立这些观念和价值导向，才能真正找到市场经济条件下政府经营性投资的理想角色，恪守政府行为的边界。

第二，正视财政经营性投资的风险，建立相应容错机制，实现政府与市场共同进退。政府扶持与一般商业性投资不同，不能也不应该把追求资金收益（保值增值）作为首要目标，而是要增加对风险的认识和承担。政府着力于行业核心技术与关键设备研发、产业标准体系和公共服务平台建设等方面，此时引导基金应承担必要的风险，并建立相应的容错机制。换言之，财政经营性投

资的定位是偏好风险的，创投基金投资企业应当鼓励探索和尝试，并允许一定的失败。应从制度和操作层面建立财政与市场（社会出资人及企业）资金投入"收益共享、风险共担"的模式，甚至政府要在一定程度上履行兜底职能（而非优先退出）。政府应加强对企业和市场的责任感，尤其在战略性新兴产业领域，应视具体情况而定。政府应跟企业共同进退。

第三，坚持低成本、长期性或滚动式投资，免除企业接受投资的后顾之忧。目前企业接受政府性基金投资的一个重要理由即其资金成本较低（低于资本市场价格），且回收周期较长，但仍存在顾虑即发生风险时如何承担。创投引导基金投资应坚持其低成本、长期投资的优势，可约定在没有重大环境变动的条件下，基金可按原有路径或用途反复使用，以增强市场信心，夯实市场选择接受的意愿和积极性。

二、更加完善基金募集和运营管理机制，推动责权利相一致，提升社会资本出资意愿

第一，根据实际再论证杠杆率及返投比例等要求，优化募集方式，提升社会资本参与意愿，针对当前交易结构要求社会出资人按不低于1：4的杠杆率承诺认缴资金、以及约定返投于省内企业、初中期企业比例不低于60%的要求，受托管理机构和部分社会出资人认为条件偏于严格，未考虑市场风险等因素。为此，建议由省级主管部门牵头组织专题论证，广泛征求行业、专家等意见，参照国家及其他省市政策性基金做法，并在充分考虑H省产业发展及资本市场实际基础上，形成更为合理的杠杆率和投资比例要求。以此进一步优化基金募集方式，比如针对现有"一次认缴，分期出资"机制，可站在出资人考量风险的角度采用更加弹性化的规则处理；允许出资人根据前期合作运营的情况适当调整出资总额及出资进度（但每次出资应达到相应的杠杆率目标），避免一次承诺终身不变的问题，借此降低出资人的顾虑，提升其出资意愿。也可考虑推行财政资金"一资两用"。将委托管理的政府引导基金的省财政出资部分以注资方式增资受托管理机构，通过"一资两用"，使受托管理机构和被投资企业均能增强资本实力，并借助政府信用引入社会资本投入，更大发挥财政资金杠杆作用。

第二，健全基金退出规则，明确让利机制，实现托管机构与社会出资人责权利相一致。通过健全基金管理办法实施细则，更加明确基金退出机制，尤其是在特殊经营情况（如亏损）下的退出方式及其责任分担等，消除托管者和

被投资者顾虑。切实降低企业融资成本，提升基金吸引力，充分发挥政策引导和扶持作用。现有管理办法已提出将基金部分收益按比例让渡给达到投资条件的基金管理人、社会出资人或被投资企业，应进一步细化这方面规则，根据实际扩大让利空间，使各参与方得到实惠。可考虑在不违反基金管理规范的前提下，通过竞标方式选择更多的投资代理人，形成良性竞争机制，并切实保障投资管理机构科学履行出资人职责，给予其充分的投资权和收益权。通过建立格式化条款的相关工作机制，形成关于托管机构在企业日常经营的不同阶段、不同条件下、针对不同事项的立场角色及处理规则，减少因不明确带来的随意性，力求有关部门和机构之间"权责对等"法律关系的形成和确认。受托管理机构应明确其作为股东的身份和地位，切实提高自身的专业水平，并在企业重大经营决策中发挥积极作用。

第三，放宽不必要的投资限制，拓宽基金运营空间，更好地发挥投资效益。依实际情况，在规则允许下适当放松基金投资的区域性或其他方面限制，避免因为运营机制跟项目融资需求不相符而失去更多投资机会。如条件成熟，也可参照国家及其他省市政策性基金做法，鼓励基金支持区域内企业并购区域外项目，进一步拓展运营空间，提高投资效益。

三、加大基金宣传力度，优化运营管理团队，开发多样化的投资方式与产品服务

第一，采取更有效方式加大宣传，提高政府性产业基金知名度。通过组织大型路演，依托金融机构宣传和典型企业示范应用等，进一步提高该项基金在各地行业知名度。整合各方资源并强化营销，积极推广政府引导基金投资业务：一是整合银行强化对目标企业的渗透，对银行目标客户通过座谈会等形式进行宣传推介；二是根据中国高新技术产业开发区、产业集聚地、火炬园、孵化器等园区的需求，对园区内重点企业、新企业提供点对点服务；三是加强政策宣导培训及业务督导，定期与合作银行承办支行的客户经理进行沟通对接，跟踪企业贷款进度；四是不断提高基金运营团队服务能力，针对一线管理人员或业务主管等开展基金政策宣讲和培训；五是抓住各种机会，如企业专利培训会议、各类协会讲座、互联网＋和工业4.0讲座等，在现场进行基金政策宣讲并派发宣传册；六是借力行业综合服务机构进行营销。

第二，针对不同类型、不同发展阶段企业开发多样化的融资产品。应加强对政府引导基金的产品设计研发，分阶段、分类型提供给企业针对性融资服

务。目前基金规则允许的投资方式相对单一，下一步要根据 H 省战略性新兴产业的特点和需求，建立个性化制度设计，实行差别化监管制度、差别化风险权重制度、差别化存贷比制度。金融监管部门需要以制度创新以提升受托管理机构（含托管银行）对基金的投资服务质量，建立对该类基金投资支持的考核体系，鼓励基金管理人加大自有资金跟投，通过示范效用引导更多商业银行提供基金运管服务。

第三，托管机构加强探索实践，建立政府性基金区别市场性基金的投资规则。政府支持战略性新兴产业发展的投资引导基金所面临风险是长期并且客观存在的。在整体定位上，这类基金即应承担必要的投资风险，适当降低对科技型中小微企业投资标准，弥补"市场间隙"，延长投资周期，并宽容必要的失败。为此，在基金交易体系完善与责权利相一致的前提下，受托管理机构和托管银行应致力于主动开发专门针对政府性基金的投资标准（授信评估机制），不能只是跟投，包括要加强相关岗位人员的专业培训、破除执业惯性、更多站在政府服务企业的角度进行投资管理，逐步形成区别于一般商业基金的投资领域和投资规则。政府性基金也要加强信贷风险管理，建立市场化价值评估为导向，以专业第三方信用评估和担保体系为基础的风险防范体系及分散机制。例如，受托管理机构要加强与政府主管部门合作，通过资源与信息的共享来弥补对产业认识的不足和信息的不对称性，密切关注行业动态，建立完善投后资料建档制度，及时撰写检查报告和整改措施。在担保体系建设方面，应逐步建立以政府出资为主的融资担保机构，引导民营融资担保机构规范发展，培育一批有较强实力和影响力的融资担保机构。在风险补偿方面，要充分发挥保险公司的作用，鼓励保险公司积极开发信贷损失类保险产品，不断提高科技产业保险服务水平，降低银行对该产业信贷的损失风险。

第八章　2018 年我国省级财政收入绩效评价报告

　　作为一项尝试，本书上篇专门就其组织体系和技术体系进行了建构。然而限于实证经验（数据来源）的缺失，尚未对其加以检验。另外，预算全面实施绩效管理要求将"四本预算"全方位、全过程纳入绩效监控。何谓全过程，显然不仅包括支出预算，也涵盖收入预算，即将财政（预算）收支的目标设置、分配与批准、执行与监督、目标完成与评价等环节都置于绩效评价的标准之中。那么，人大主导的财政绩效评价实证研究若不能包含收入绩效，显然是不完整的。

　　基此考量，本章专门针对财政收入绩效评价展开实证分析，其主要目的：一是应用评价组织技术，初步验证其可操作性；二是取得特定评价结果，为人大有效开展预算审查监督提供依据。基于数据公开性、可得性及完整性约束，最终选择对 2018 年我国 31 个省级财政收入绩效开展评价。我们认为，在相对系统的理念和相对规范的技术框架下，围绕一级财政收入综合绩效评价取得结果，国内尚属首次，而在这种层级和范围进行研究，更是一项探索。本章分析的"试验"价值超过现实意义，评价结果仅供参考。

第一节　评价说明

一、评价背景及意义

　　2018 年 3 月，《中共中央办公厅关于人大预算审查监督重点向支出预算和政策拓展的指导意见》出台，要求地方各级人大及其常委会要加强对支出绩效和政策目标落实情况的监督，要探索健全程序，创新方式方法，推动建立健全预算绩效管理机制。以省级财政收入整体为目标进行绩效评价，有助于加强对一级完整预算执行情况的实质性监督，特别对收入预算而言，是把监督关口前移，从而为人大进行支出预算审查及决策提供依据。现实条件下，以人大作为财政收入绩效评价主体，专业第三方机构实施的评价活动更具权威性和科学性。

作为政府绩效评价的一个重要类型，（人大主导）财政绩效评价融合双重特性，既体现价值导向，又呈现工具特质。从我国的实践进程来看，自2000年以来财政收入绩效评价开启了预算绩效管理的前奏，新国家预算法强化了财政绩效评价的法律基础。2019年全面落地的减税降费的财税政策意味着财政收入规模的高增长出现拐点而难以为继，收支缺口及其衍生的矛盾倒逼财政体制、理财理念及政府管理创新。由此，不论从理论逻辑还是现实需求的角度，开展财政收入绩效评价具有必然性和迫切性。

省级财政在我国财政层级中具有特殊地位。我们尝试以全国31个省（自治区、直辖市）为对象开展实证研究，提供省级财政收入绩效综合指数，作为观察全面实施预算绩效管理成效的重要标尺。具体而言，选择省级层面进行评价还有如下意图：一是以省级为例精准考量各地财权与事权之间的匹配性，有助于规范和理顺中央与地方财政关系，加快现代财政制度建设；二是提供各省财政收入规模与经济发展、财政收支总量之间协调均衡的量化评估手段，有助于建立一种财政收支联动、量入为出和结构优化的科学机制；三是在结构层面准确分析各省财政收入决策、执行和监督中存在的问题，有针对性地提升公共财政的资源配置效能。

二、评价对象简况

作为监督财政预算的重要工具和手段，财政收入绩效评价对象是财政收入决策、执行和监管的责任主体（以省级财政整体为单位，一般不涉及财税征收带来损益的终端个体，即法人与自然人）。较为合理则是将省级财政收入绩效的评价对象设定为省级政府，具体包括负责财政收入政策（税费征管）决策、执行和监督的职能部门。在我国的财税体制下，税费征管决策在很大程度上具有刚性，即便省级政府（省直部门）能够左右的幅度也较小。从特定税费品种的征缴来看，可能涉及统筹部门、主管部门和监管部门的分工，比如财政、税务部门为综合统筹协调，具体行政事业收费的部门落实执行，发改、审计、监察等部门则进行监督（如某项收费调整审批）。当然，本章仅对一级（省级）财政收入的综合绩效尝试评价，不是指向特定的税费政策，故不涉及评价对象的分类。以 2018 年度为例，全国内地 31 个省域的基本情况（见表 8 - 1）。

表 8 - 1　　　　　　　　2018 年我国内地 31 个省域基本情况

区域	省域	年末常住人口（万人）	面积（万平方千米）	GDP（亿元）	人均 GDP（元、人）	下辖县（区、市）
北部沿海地区	北京市	2171	1.68	28014.94	128994	16 市辖区
	天津市	1557	1.13	18549.19	118944	15 市辖区
	河北省	7520	18.77	34016.32	45387	11 地级市 47 市辖区 20 县级市 95 县 6 自治县
	山东省	10006	15.38	72634.15	72807	17 地级市 55 市辖区 26 县级市 56 县
东部沿海地区	上海市	2418	0.63	30632.99	126634	16 市辖区
	江苏省	8029	10.26	85869.76	107150	13 地级市 55 市辖区 21 县级市 20 县
	浙江省	5657	10.2	51768.26	92057	11 地级市 37 市辖区 19 县级市 32 县 1 自治县
南部沿海地区	福建省	3911	12.13	32182.09	82677	9 地级市 29 市辖区 12 县级市 44 县
	广东省	11169	18	89705.23	80932	21 地级市 64 市辖区 20 县级市 34 县 3 自治县
	海南省	926	3.4	4462.54	48430	4 地级市 8 市辖区 5 县级市 4 县 6 自治县
黄河中游地区	山西省	3702	15.63	15528.42	42060	11 地市 23 市辖区 11 县级市 85 县
	内蒙古自治区	2529	118.3	16096.21	63764	9 地级市 23 市辖区 11 县级市 17 县
	河南省	9559	16.7	44552.83	46674	17 地级市 52 市辖区 21 县级市 85 县
	陕西省	3835	20.56	21898.81	57266	10 地级市 30 市辖区 4 县级市 73 县
长江中游地区	安徽省	6255	13.97	27018	43401	16 地级市 44 市辖区 6 县级市 55 县
	江西省	4622	16.7	20006.31	43424	11 地级市 25 市辖区 11 县级市 64 县
	湖北省	5902	18.59	35478.09	60199	12 地级市 39 市辖区 24 县级市 37 县 2 自治县
	湖南省	6860	21.18	33902.96	49558	13 地级市 35 市辖区 17 县级市 63 县 7 自治县
东北地区	辽宁省	4369	14.59	23409.24	53527	14 地级市 59 市辖区 16 县级市 17 县 8 自治县
	吉林省	2717	18.74	14944.53	54838	8 地级市 21 市辖区 20 县级市 16 县 3 自治县
	黑龙江省	3789	45.48	15902.68	41916	12 地级市 65 市辖区 19 县级市 43 县 1 自治县

续表

区域	省域	年末常住人口（万人）	面积（万平方千米）	GDP（亿元）	人均GDP（元、人）	下辖县（区、市）
西南地区	广西壮族自治区	4885	23.6	18523.26	38102	14地级市40市辖区7县级市52县12自治县
	重庆市	3075	8.23	19424.73	63442	26市辖区8县4自治县
	四川省	8302	48.14	36980.22	44651	18地级市53市辖区17县级市109县4自治县
	贵州省	3580	17.6	13540.83	37956	6地级市15市辖区8县级市53县11自治县
	云南省	4801	38.33	16376.34	34221	8地级市16市辖区15县级市69县29自治县
西北地区	西藏自治区	337	122.8	1310.92	39267	6地级市8市辖区66县
	甘肃省	2626	45.44	7459.9	28497	12地级市17市辖区4县级市58县7自治县
	青海省	598	72.23	2624.83	44047	2地级市6市辖区3县级市27县7自治县
	宁夏回族自治区	682	6.64	3443.56	50765	5地级市9市辖区2县级市11县
	新疆维吾尔自治区	2445	166	10881.96	44941	4地级市13市辖区24县级市62县6自治县

资料来源：数据来源于《中国统计年鉴2019》。

三、评价技术方案

对省级财政收入进行综合绩效评价是一项系统工程，受制于多方面因素。理论上，如将财政收入视为一项公共（财政）政策，则其可概括为包含决策、执行和监督三个层面，分别对应相关责任主体。作为公共资金流，则触碰社会财富在私人部门和公共部门之间的流动以及对两者绩效生产的重要影响。从绩效评价理念看，也涵盖税费征缴的投入、过程、产出和影响等环节，构成一个闭合循环。另外，我国幅员辽阔，31个省份社会经济发展水平存在显著的差异，各地公共财政收入结构各具特点，由财政收入所提供的公共服务产出和绩效表现也各不相同。这些因素决定，针对省级财政收入综合绩效评价的实操方案必须要在理论设想（理想建构）的基础上进一步优化，主要是精简评价层级，提炼评价指标。

为此，兼顾全面性、系统性、可操作性和可比较性原则，根据省级财政收入及其管理、监督特点，遵循内涵界定与结构分析、具体指标选择、权重系数确定、评分标准设计、信度和效度检验等路径及步骤，最终形成由"收入决策""过程监管""目标完成""社会满意" 4 个维度（一级指标）、11 项二级指标、19 项三级指标和 28 项四级指标组成的指标体系（见表 8 - 2）。这一指标体系与本书第三章所构相比，在理念和思路上保持了基本一致（围绕财政收入决策机制—过程监管—目标完成—社会满意的绩效生产链条），但是指标层级与数量规模进行了整合（将宏观、中观、微观层面评价结合），降低了评价成本，增强了可行性。具体来讲：一级指标中，"收入决策"反映一个地区财政收入综合决策机制是否健全、收入规模是否合适、收入结构是否合理；"过程监管"反映当地政府在财政收入组织过程中的进度与合规性情况；"目标完成"主要从财政收入对市场经济的调节、对居民生活的保障及对公共服务的改善等角度进行衡量；"社会满意"则突出当地居民对税费负担的满意度（税费痛苦指数）和总体生活满意度（幸福感）两大关键指标，彰显减税降费的政策导向和人民幸福的发展价值。

表 8 - 2　　　　2018 年我国省级财政收入综合绩效评价指标体系

一级指标（权重,%）	二级指标	三级指标	四级指标（权重,%）
收入决策（25.4）	决策机制	决策机构健全性	X_1：省级税费管理部门权责与分工（3.6）
		组织体系完备性	X_2：省内国地税系统合并完成情况（3.5）
	收入规模	财政收入规模	X_3：地方（本级）一般公共预算收入（3.6）
		财政收支平衡	X_4：地方一般公共预算当年结余、赤字率（3.7）
			X_5：地方一般公共预算收入弹性系数（3.7）
	收入结构	税收与非税收入占比	X_6：地方一般公共预算税收收入比重（3.7）
		省本级与其他收入占比	X_7：地方一般公共预算省本级收入比重（3.6）
过程监管（21.4）	预算管理	预算执行情况	X_8：地方财政收入完成预算比例（3.6）
		预算信息公开	X_9：年度预决算信息网上公开情况（3.5）
		执行成本控制	X_{10}：财税系统行政开支占地方一般公共预算收入比重（3.7）
	实施程序	财政收入组织进度	X_{11}：年度税费征缴按计划进度完成情况（3.5）
		财政收入组织合规性	X_{12}：财政收入过程违法违纪案发率（3.6）
	监督考评	财政收入监督检查力度	X_{13}：财税检查（稽查）频次及覆盖范围（3.5）

续表

一级指标 （权重,%）	二级指标	三级指标	四级指标（权重,%）
目标完成 （35.2）	经济市场 调节	减税降费与经济发展	X_{14}：人均 GDP 增速（3.5） X_{15}：全省当年累计减税降费规模（3.7）
		产业结构与布局优化	X_{16}：第三产业增加值占 GDP 比重（3.5） X_{17}：工业增加值占 GDP 比重（3.5）
	居民生活 保障	城乡居民生活差异	X_{18}：城乡居民人均可支配收入比例（3.5） X_{19}：城镇与农村居民消费水平比例（3.5）
		综合社会保障待遇	X_{20}：地方财政社会保障和就业支出（3.5） X_{21}：参加失业保险人数（3.5）
	公共服务 质量	基本公共服务均等 化水平	X_{22}：通过国家督导验收的义务教育均衡县数 （3.5） X_{23}：每万人拥有医疗卫生机构床位数（3.5）
社会满意 （18）	税费负担痛苦指数		X_{24}：税费缴纳便捷性（3.6） X_{25}：税费负担满意度（3.7）
	居民生活满意度（幸福感）		X_{26}：就业与收入满意度（3.5） X_{27}：物价与市场满意度（3.5） X_{28}：居民个人幸福感（3.7）

资料来源：笔者自制。

在指标评分方面，前三项一级指标（维度）属于客观评价，"社会满意"属于主观评价，通过问卷调查获得数据。评分标准的设计依据指标属性及各地发展程度，分为五种情况：一是社会满意领域层，采用无量纲化调查量表，自答卷直接取得分值；二是与存量关联性较强的少数指标（如财税检查、稽查频次及覆盖范围），以五个等级来评分；三是与社会经济发展程度关联密切指标（如人均 GDP 增速），不同发展阶段（地区）赋予不同值；四是具有双重特质的少数指标，如地方一般公共预算收入弹性系数、每万人拥有医疗卫生机构床位数等，根据国际（国内）通行的经验值设定最佳（满分）值并按比例评分；五是其他客观类指标，依据各省横向比较设置分等级评价的阈值，在区间内适度弹性评分。同时，每项指标的评分均由增量和存量共同组成，但二者所占比重存有差别，对部分比重类或处于高位的指标，侧重考虑存量；而对总体水平较低的指标，侧重考虑增量；其他指标则取两者均衡。

在指标数源方面，客观领域层 23 个指标的基础数据主要来自统计年鉴或统计公报，具体包括：一是《中国统计年鉴 2019》《中国财政统计年鉴 2019》以及各省（自治区、直辖市）统计年鉴与财政统计年鉴、各省（市、区）预算执行情况和次年预算草案报告等；二是各市县有关部门编制、披露的其他统计数据或统计信息，作为对前者缺失值或无明细值项目的备查；三是部分衍生指标由课题组向政府相应职能部门申请获取，或根据统计年鉴中公布的数据换算取得，个别"收入决策"类指标通过各省有关省直部门的官方网站查询或其他渠道核准补充。

　　主观领域层指标评分源于抽样问卷调查，由课题组以成熟的管道独立组织，每省按计划抽取 3~5 个地市和不少于 10 个县级行政单位。一般采用定点拦截访问，同时按照性别、年龄以及户籍进行样本配额。后期为修正样本结构，采用电话访问和网络调查作为补充。调查对象设定为 18 岁以上 70 岁以下具有合法权益和正常判别能力的居民，包括户籍人口和非户籍常住人口。本次评价调查实际覆盖了 31 个省域 325 个县域共 48750 人。经审查筛选后的合格问卷采用 Epidata 软件录入，采用 SPSS 软件分省将样本年龄、性别、收入、职业等构成与当地常住人口自然结构进行对照，验证样本代表性良好。

第二节　评价结果及特点

一、总体结果及特点

　　依据指标体系及基础数据，计算 2018 年全国 31 个省级财政收入绩效指数（0~1 标度）（见图 8-1 和表 8-3）。由图表可知，全国均值为 0.676，这一结果居于中位值偏上，但还有较大的提升空间。其中：当年综合绩效指数最高

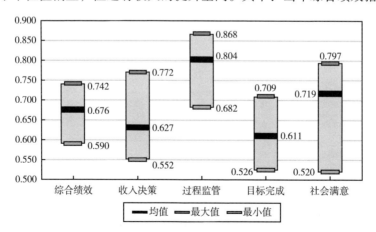

图 8-1　2018 年我国 31 个省级财政收入绩效各领域层指数分布

资料来源：笔者自制。

为广东省（0.742），比最低的高 0.52，差值占总体均值达 22.5%，一定程度上说明各省（市、区）之间财政收入综合绩效差距较大。具体地，综合绩效指数超过 0.7 的有 8 个省份，江苏省（0.734）和山东省（0.728）仅列广东省之后。

表 8 - 3　　　　2018 年我国 31 个省级财政收入综合绩效指数及排名

地区	综合绩效	排名	其中							
			收入决策	排名	过程监管	排名	目标完成	排名	社会满意	排名
北京市	0.690	12	0.716	3	0.802	19	0.587	25	0.722	14
天津市	0.669	17	0.606	18	0.844	6	0.588	24	0.710	19
河北省	0.717	7	0.677	6	0.867	3	0.639	4	0.751	12
山西省	0.649	23	0.586	24	0.754	27	0.626	8	0.661	29
内蒙古自治区	0.623	29	0.562	29	0.752	28	0.564	28	0.671	28
辽宁省	0.664	19	0.604	19	0.798	20	0.602	20	0.709	20
吉林省	0.678	16	0.553	30	0.859	4	0.620	13	0.751	11
黑龙江省	0.652	22	0.610	17	0.720	30	0.628	7	0.679	24
上海市	0.720	6	0.695	5	0.868	2	0.608	19	0.797	1
江苏省	0.734	2	0.655	9	0.835	10	0.709	1	0.777	4
浙江省	0.694	10	0.707	4	0.792	21	0.608	18	0.728	13
安徽省	0.703	8	0.625	14	0.868	1	0.625	11	0.769	9
福建省	0.696	9	0.635	11	0.825	13	0.621	12	0.773	7
江西省	0.685	14	0.629	12	0.836	9	0.590	22	0.773	8
山东省	0.728	3	0.661	8	0.851	5	0.673	3	0.781	3
河南省	0.723	4	0.745	2	0.813	14	0.625	10	0.776	6
湖北省	0.689	13	0.661	7	0.812	15	0.620	14	0.719	15
湖南省	0.669	18	0.622	15	0.781	23	0.625	9	0.686	22
广东省	0.742	1	0.772	1	0.836	8	0.637	5	0.793	2
广西壮族自治区	0.681	15	0.597	22	0.827	12	0.617	16	0.751	10
海南省	0.646	25	0.569	27	0.807	16	0.589	23	0.672	27
重庆市	0.659	21	0.599	21	0.749	29	0.618	15	0.716	16
四川省	0.721	5	0.615	16	0.841	7	0.698	2	0.776	5
贵州省	0.692	11	0.643	10	0.831	11	0.631	6	0.713	18

续表

地区	综合绩效	排名	其中								
			收入决策	排名	过程监管	排名	目标完成	排名	社会满意	排名
云南省	0.661	20	0.583	25	0.791	22	0.610	17	0.715	17
西藏自治区	0.590	31	0.626	13	0.682	31	0.544	30	0.520	31
陕西省	0.647	24	0.596	23	0.761	25	0.598	21	0.676	25
甘肃省	0.622	30	0.601	20	0.755	26	0.526	31	0.681	23
青海省	0.642	26	0.582	26	0.804	17	0.571	27	0.672	26
宁夏回族自治区	0.640	27	0.552	31	0.803	18	0.573	26	0.704	21
新疆维吾尔自治区	0.623	28	0.565	28	0.762	24	0.564	29	0.657	30
均值	0.676	—	0.627	—	0.804	—	0.611	—	0.719	—

资料来源：笔者自制。

同时，2018 年全国 31 个省级财政收入综合绩效指数及排名（见表 8-3），各领域层绩效指数的水平和结构也呈现有趣的区域特征：一是过程监管领域层指数总体较高，社会满意领域层次之，目标完成领域层较低，以全国均值衡量的高低极差达到 0.193，占综合绩效指数均值比例达到 28%；二是综合绩效指数位列前 5 的省域中，除了广东、江苏、山东之外，河南、四川作为中西部的欠发达地区能够入围，表明财政收入绩效评价结果与一般意义上的经济或财政体量（实力）定位并不完全等效；三是一些省域的总体指数跟领域层指数排名反差较大，典型的有吉林省、黑龙江省、北京市、山西省，排序反差超过 20位，各领域层指数较为均衡的有辽宁省、内蒙古自治区、陕西省等省（反差在 5名以内）；四是"社会满意"主观领域层指数普遍与其他客观领域层结果存在反差（满意度高于后者），其中差距较明显的有江苏省、福建省等省。

二、按区域分类结果

依据国家统计局对全国地理经济区域的划分，对各项绩效指数进行了分类统计（见表 8-4）。其呈现以下两个特点。

一是北部沿海和东部沿海地区整体优势明显，指数总体高于其他区域。如北部沿海各项指数均排在 1~2 位，东部沿海各项指数均排在 2~3 位，黄河中游、东北、西北地区普遍居后，以综合绩效均值来看，排在首位的东部沿海（0.716）高于排在末位的西北地区（0.624）大约 15%。

二是各区域不同领域层指数水平及排位反差不一。从绩效指数来看，东部沿海、黄河中游地区各项指数之间极差较小（没有超过0.2），这两个地区分别居于综合绩效水平的前列和后列，北部沿海和长江中游地区则各项指数之间极差较大，即财政收入的决策机制、过程监管、目标完成和社会满意绩效表现并不均衡。从区域排名来看，基本上综合绩效指数居于越前列和越后列的地区，其领域层排名越均衡，居于中位的地区则领域层排名反差较大，也就是说，财政收入综合绩效较优和较差的区域，收入管理各环节表现趋于一致。

表8-4　　　　　　　　按八大区域分类统计的财政收入绩效指数

区域	综合绩效		收入决策		过程监管		目标完成		社会满意	
	指数均值	区域排名	指数均值	区域排名	指数均值	区域排名	指数均值	区域排名	指数均值	区域排名
北部沿海地区	0.701	2	0.665	2	0.841	1	0.622	3	0.741	3
东部沿海地区	0.716	1	0.686	1	0.832	2	0.642	1	0.767	1
南部沿海地区	0.694	3	0.659	3	0.823	4	0.616	5	0.746	2
黄河中游地区	0.660	7	0.622	5	0.770	7	0.603	7	0.696	7
长江中游地区	0.686	4	0.634	4	0.824	3	0.615	6	0.737	4
东北地区	0.665	6	0.589	7	0.792	6	0.617	4	0.713	6
西北地区	0.624	8	0.585	8	0.761	8	0.556	8	0.647	8
西南地区	0.683	5	0.608	6	0.808	5	0.635	2	0.734	5

资料来源：笔者自制。

三、按领域层分类评价结果

一是收入决策领域层。该领域层绩效指数全国均值为0.627，31个省域指数最高的为广东省（0.772），河南省（0.745）、北京市（0.716）次之，指数较低的是宁夏回族自治区（0.552）、吉林省（0.553），最高值与最低值间差距占该领域层均值的比重约为35%。如图8-2所示，该领域层指数曲线与总体绩效指数曲线变化趋势大致同步，即综合绩效指数较高的省域，"收入决策"绩效指数也高；其中，河南省、广东省、浙江省、北京市、西藏自治区等省域"收入决策"绩效指数高于综合绩效指数，其他省域则比综合绩效指数略低。

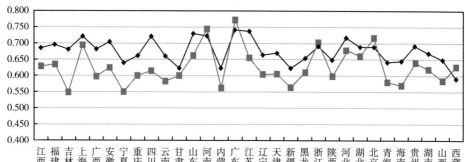

图 8 - 2　31 个省级财政收入决策领域层绩效指数比较

资料来源：笔者自制。

二是过程监管领域层。领域层绩效指数全国均值为 0.804，31 个省域指数最高的为安徽省（0.868）和上海市（0.868）、河北省（0.867）次之。最高值与最低值间差距占该领域层均值的比重约为 23%。如图 8 - 3 所示，该领域层指数曲线与总体绩效指数曲线变化趋势高度同步，即综合绩效指数较高的省域，"过程监管"绩效指数也高；而且 31 个省域"过程监管"绩效指数全部高于综合绩效指数，差距约为 0~1 标度的 0.1。

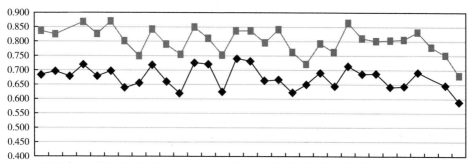

图 8 - 3　31 个省级财政收入过程监管领域层绩效指数比较

资料来源：笔者自制。

三是目标完成领域层。该领域层绩效指数全国均值为 0.611，31 个省域指数最高的为江苏省（0.709），四川省（0.698）、山东省（0.673）次之。最高值与最低值间差距占该领域层均值的比重约为30%。如图8-4所示，该领域层指数曲线与总体绩效指数曲线变化趋势高度同步，即综合绩效指数较高的省域，"目标完成"绩效指数也高；而且31个省域"目标完成"绩效指数全部低于综合绩效指数，差距约为0~1标度的0.05。

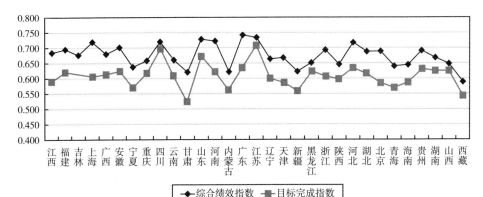

图8-4　31个省级财政收入目标完成领域层绩效指数比较

资料来源：笔者自制。

四是社会满意领域层。该领域层绩效指数全国均值为0.719，31个省域指数最高的为上海市（0.797），广东省（0.793）、山东省（0.781）次之。最高值与最低值间差距占该领域层均值的比重约为38%。如图8-5所示，该领域层指数曲线与总体绩效指数曲线变化趋势大幅同步，即综合绩效指数较高的省域，"社会满意"绩效指数也高。

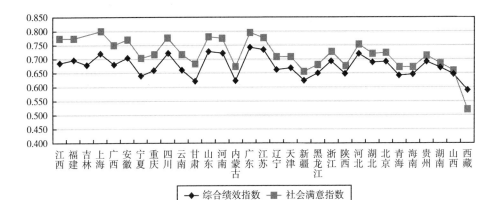

图8-5　31个省级财政收入社会满意领域层绩效指数比较

资料来源：笔者自制。

四、具体指标得分率

31 个省级财政 28 项具体指标的得分率（见表 8 - 5）。依全国均值，可将其分为 3 个区间：一是高绩效指标（得分率在 80% 以上），共 7 项，排在前三位依次为"X8 地方财政收入完成预算比例""X6 地方一般公共预算税收收入比重""X9 年度预决算信息网上公开情况"；二是中绩效指标（得分率在 60% ~ 80%），共 11 项，排在前三位依次为"X13 财税检查（稽查）频次及覆盖范围""X25 税费负担满意度""X10 财税系统行政开支占地方一般公共预算收入比重"；三是低绩效指标（得分率低于 60%），共有 10 项，排在前三位依次为"X16 第三产业增加值占 GDP 比重""X3 地方（本级）一般公共预算收入""X15 全省当年累计减税降费规模"。

表 8 - 5　　　　　　　31 个省域 28 项具体指标得分率　　　单位：%

省域	收入决策							过程监管						目标完成
	X_1	X_2	X_3	X_4	X_5	X_6	X_7	X_8	X_9	X_{10}	X_{11}	X_{12}	X_{13}	X_{14}
江西省	88	49	84	59	61	100	60	89	96	69	70	80	78	44
福建省	84	40	58	57	44	81	60	82	85	87	80	85	88	38
吉林省	92	57	75	56	42	87	65	91	80	84	80	95	90	45
上海市	88	49	44	60	42	87	40	96	88	80	60	60	68	88
广西壮族自治区	88	49	30	40	45	88	54	86	98	87	60	60	60	25
安徽省	88	49	62	55	42	92	35	90	94	80	70	70	75	75
宁夏回族自治区	88	49	38	41	46	88	37	89	94	63	90	90	90	47
重庆市	88	49	39	47	84	89	30	93	81	69	60	70	60	43
四川省	84	40	89	57	53	100	63	90	96	66	90	90	90	42
云南省	82	49	69	56	42	95	66	91	94	65	85	85	83	57
甘肃省	80	57	88	59	48	99	64	90	86	70	80	80	70	45
山东省	88	49	59	49	43	88	61	90	89	87	90	90	85	46
河南省	88	49	58	57	43	91	60	90	88	53	90	95	90	58

续表

省域	收入决策							过程监管						目标完成
	X_1	X_2	X_3	X_4	X_5	X_6	X_7	X_8	X_9	X_{10}	X_{11}	X_{12}	X_{13}	X_{14}
内蒙古自治区	92	57	47	49	42	87	66	90	85	62	80	95	90	43
广东省	88	49	75	58	45	90	58	89	89	70	80	95	88	45
江苏省	100	100	72	52	50	87	62	90	75	63	80	95	85	48
辽宁省	100	66	54	53	42	87	62	89	85	80	75	80	78	44
天津市	92	57	59	49	46	82	51	89	94	71	70	70	75	45
新疆维吾尔自治区	84	40	99	57	100	94	64	90	91	58	80	95	90	46
黑龙江省	92	57	46	43	40	85	55	91	96	79	70	80	80	31
浙江省	70	49	38	54	43	93	52	90	88	77	75	75	80	59
陕西省	88	49	51	54	42	85	50	89	94	50	65	80	73	42
河北省	92	57	55	51	42	87	46	92	85	73	85	90	80	60
湖北省	92	57	58	49	42	90	62	89	87	99	65	85	73	60
北京市	92	57	42	40	42	84	51	90	94	85	60	80	65	59
青海省	84	40	51	50	42	91	80	100	75	55	60	60	60	59
海南省	88	49	56	53	42	84	45	92	88	83	60	70	63	63
贵州省	88	49	55	42	52	84	48	88	96	45	60	85	80	38
湖南省	84	40	67	19	40	92	64	89	86	89	60	80	78	36
山西省	84	40	36	47	45	85	48	92	85	79	65	80	80	46
西藏自治区	84	40	59	49	43	90	30	94	99	70	60	70	65	69
均值	88	51	58	50	48	89	54	90	89	73	72	81	78	50

省域	目标完成									社会满意				
	X_{15}	X_{16}	X_{17}	X_{18}	X_{19}	X_{20}	X_{21}	X_{22}	X_{23}	X_{24}	X_{25}	X_{26}	X_{27}	X_{28}
江西省	56	70	54	35	44	65	84	95	40	77	75	60	83	66
福建省	55	67	66	52	52	63	64	95	36	70	85	63	86	52
吉林省	55	57	75	43	70	74	68	85	67	72	85	66	84	68
上海市	58	35	90	45	62	66	64	80	38	73	68	64	70	57

续表

省域	目标完成									社会满意				
	X_{15}	X_{16}	X_{17}	X_{18}	X_{19}	X_{20}	X_{21}	X_{22}	X_{23}	X_{24}	X_{25}	X_{26}	X_{27}	X_{28}
广西壮族自治区	51	80	35	42	55	64	57	85	70	68	60	59	68	79
安徽省	63	59	67	42	40	67	68	75	45	79	75	66	75	60
宁夏回族自治区	52	66	78	45	53	61	63	95	60	64	90	60	86	75
重庆省	52	68	45	48	54	83	57	90	89	77	60	57	74	71
四川省	63	61	62	50	47	72	70	95	47	78	90	67	93	71
云南省	100	55	76	46	62	79	79	95	58	79	85	66	86	72
甘肃省	51	66	63	45	50	65	84	95	45	82	75	63	77	67
山东省	74	53	77	48	49	72	75	70	59	71	85	65	84	79
河南省	52	61	71	51	63	56	83	95	31	72	88	66	91	70
内蒙古自治区	53	47	75	47	48	62	54	80	80	70	88	60	89	80
广东省	65	55	71	46	79	82	81	80	69	83	88	66	82	71
江苏省	60	52	78	46	42	78	72	85	66	76	85	62	89	76
辽宁省	53	62	64	44	57	75	70	95	55	73	73	64	76	73
天津市	57	64	67	38	43	79	74	90	69	72	63	65	68	75
新疆维吾尔自治区	71	62	71	39	42	90	84	95	36	85	85	64	87	75
黑龙江省	61	67	44	60	80	72	73	75	53	69	78	63	82	84
浙江省	51	68	55	51	42	67	71	95	30	49	83	57	87	60
陕西省	53	54	62	47	51	64	72	95	78	71	70	65	78	74
河北省	58	61	57	47	71	82	95	85	82	84	83	68	79	75
湖北省	53	45	65	48	45	75	73	75	93	72	70	60	79	75
北京市	61	55	55	49	48	63	90	90	77	64	65	61	78	89
青海省	51	48	56	85	41	25	45	70	65	43	60	63	71	25
海南省	54	44	77	47	42	64	59	80	68	61	63	63	73	79
贵州省	51	68	52	38	46	46	47	70	70	60	75	57	79	68
湖南省	56	68	40	37	78	51	50	70	85	54	75	63	81	64
山西省	53	56	60	45	74	45	25	95	75	50	80	64	90	68
西藏自治区	50	53	68	43	30	49	67	70	64	66	65	57	67	72
均值	58	59	64	47	54	66	67	85	61	70	76	63	80	70

资料来源：笔者自制。

第三节　评价发现与启示

一是财政收入综合绩效指数高于中位值，但仍有较大的提升空间。如前所述，2018年全国31个省级财政收入绩效指数均值为0.676，略高于0~1标度的中位值0.5，总体得分率为67.6%，按五级制绩效综合评级为"合格"（尚未达到70%以上的"中等"级别）。可见，我国省级财政收入综合绩效水平还需下大力气提升。分省来看，财政收入综合绩效指数的区间分布符合正态分布特点，25%的省域指数高于0.7，指数低于0.6仅有1省。

二是区域之间存在一定差异，沿海地区总体领先于内地。八大经济区域生产总值与财政收入绩效指数排名（见表8-6）。从经济发展水平看，我国八大区域之间具有明显差距。以GDP度量的经济总量，东部沿海、南部沿海、北部沿海地区分别位列前三位，东北、西北、西南地区居后，总体呈现沿海高于中部高于内陆的梯度变化。从财政收入绩效看，应该说与我国经济地理的分布特征在大致上趋同，同样以沿海地区领先，内陆地区落后。2018年国内生产总值排前的广东省（第1名）、江苏省（第2名），其指数亦名列前茅。但是，确有相对独立的情况，比如黄河中游地区和西南地区的经济总量排名与财政收入绩效排名反差较大，作为大众印象中相对欠发达的河南省、四川省2省财政收入综合绩效进入前5位。简言之，省级层面的经济发展水平与财政收入绩效表现存在关联性，但只要严格遵从科学决策、高效执行、完成目标和社会满意的标准，经济欠发达地区也可将有限的财政资源花出绩效，花得更好。

表8-6　　　　　　八大经济区域生产总值与财政收入绩效指数排名

所属区域	生产总值（亿元）	生产总值排名	综合绩效指数	绩效指数排名	排名差异
北部沿海地区	38303.65	3	0.701	2	1
东部沿海地区	56090.34	1	0.716	1	0
南部沿海地区	42116.62	2	0.694	3	1
黄河中游地区	24519.07	5	0.660	7	2
长江中游地区	29101.34	4	0.686	4	0
东北地区	18085.48	7	0.665	6	-1
西北地区	5144.23	8	0.624	8	0
西南地区	20969.08	6	0.683	5	-1

资料来源：笔者自制。

三是按领域层、指标、区域分类的结果呈现较复杂的结构特征。八大区域财政收入绩效指数内部比较（见表 8 - 7）。首先，从平均水平看，除过程监管维度以外，东部沿海地区的综合绩效及其他 3 个维度绩效指数都领先于其他地区，但与北部沿海、南部沿海地区之间差距不大，西北地区基本居于各维度绩效指数的末位。其次从绩效差距看，极差和标准差 2 项统计值表明，处于相对落后位置的长江中游地区、西南地区各维度指数较为集中，内部差距不大，而沿海地区总有 1 ~ 2 个维度内部差距明显。换言之，财政收入绩效领先的地区，往往都有特定的评价维度优势特别明显，而绩效不佳的地区，则普遍一样表现平平。再次从领域层分化看，北部沿海、长江中游 2 个地区的"过程监管"绩效优势凸显，西北地区的"目标完成"绩效则落后较多。这些多元化的结构分析发现，应当成为各区域、各省"补短板"和进一步提升财政收入绩效的着力重点。

表 8 - 7　　　　　　　　　　八大区域财政收入绩效指数内部比较

统计值	维度	北部沿海地区	东部沿海地区	南部沿海地区	黄河中游地区	长江中游地区	东北地区	西北地区	西南地区
平均值	综合绩效	0.701	0.716	0.694	0.660	0.686	0.665	0.624	0.683
	收入决策	0.665	0.686	0.659	0.622	0.634	0.589	0.585	0.608
	过程监管	0.841	0.832	0.823	0.770	0.824	0.792	0.761	0.808
	目标完成	0.622	0.642	0.616	0.603	0.615	0.617	0.556	0.635
	社会满意	0.741	0.767	0.746	0.696	0.737	0.713	0.647	0.734
最大值	综合绩效	0.728	0.734	0.742	0.723	0.703	0.678	0.642	0.721
	收入决策	0.716	0.707	0.772	0.745	0.661	0.610	0.626	0.643
	过程监管	0.867	0.868	0.836	0.813	0.868	0.859	0.804	0.841
	目标完成	0.673	0.709	0.637	0.626	0.625	0.628	0.573	0.698
	社会满意	0.781	0.797	0.793	0.776	0.773	0.751	0.704	0.776
最小值	综合绩效	0.669	0.694	0.646	0.623	0.669	0.652	0.590	0.659
	收入决策	0.606	0.655	0.569	0.562	0.622	0.553	0.552	0.583
	过程监管	0.802	0.792	0.807	0.752	0.781	0.720	0.682	0.749
	目标完成	0.587	0.608	0.589	0.564	0.590	0.602	0.526	0.610
	社会满意	0.710	0.728	0.672	0.661	0.686	0.679	0.520	0.713
标准差	综合绩效	0.026	0.020	0.048	0.043	0.014	0.013	0.021	0.026
	收入决策	0.046	0.027	0.103	0.083	0.018	0.032	0.029	0.023
	过程监管	0.028	0.038	0.015	0.029	0.037	0.070	0.049	0.038
	目标完成	0.042	0.058	0.025	0.029	0.017	0.013	0.020	0.036
	社会满意	0.032	0.035	0.065	0.054	0.042	0.036	0.073	0.028

资料来源：笔者自制。

四是财政收入客观绩效指数普遍低于主观满意度评分。从理论上讲，主观评价与客观评价具有互补及互证的功能。财政收入绩效评价作为复杂的范畴，将主客观评价技术结合应用是一种必然选择。通过两种评价方式的结果比较，或可折射影响财政收入绩效改进的深层问题。实际上，2018年我国31个省级财政收入客观绩效指数（均值）为0.682，低于主观绩效指数0.723，差距约为6%。这一结果其实比较特殊，在同类评价中并不多见（一般主观评价低于客观评价更为寻常）。当中蕴含的信息：一是采用"税费负担痛苦指数"和"居民生活满意度"2项关键指标进行主观评价，由于"居民生活满意度（幸福感）"为感性认识，评分普遍较高，借此拉高了主观维度均值；二是近年不断有人议论，我国的宏观税负水平已明显偏高，给实体经济和老百姓造成了较大压力，但真实境况却是——公众对税费负担的满意度并没有很低，当然也可能是这两年从中央到地方大力推行减税降费政策已初步奏效所致。八大区域财政收入主客观绩效指数比较（见图8-6）。

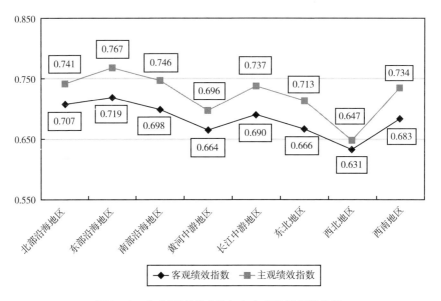

图8-6   八大区域财政收入主客观绩效指数比较

资料来源：笔者自制。

第四节　代表性省市评价结果

一、广东省结果

该省国土面积 18 万平方公里，下辖 21 地级市、23 县级市、41 县、3 自治县，2018 年末常住人口为 11169 万人（排全国第 1 位），地区生产总值为 89705.23 亿元（排全国第 1 位），人均国内生产总值为 80932 元（排全国第 7 位）。[①] 其 2018 年财政收入绩效评价结果（见表 8 - 8），其中综合绩效指数为 0.742，全国排序第 1 位，相当于全国均值的 109.8%，"过程监管""目标完成" 2 个领域层绩效有待改善。

表 8 - 8　　　　　　　2018 年广东省财政收入绩效评价结果概览

领域层	指数与排序		横向比较（%）	
	指数	全国排序	相当于全国均值	相当于最高省
收入决策	0.772	1	123.0	100.0
过程监管	0.836	8	104.0	96.3
目标完成	0.637	5	104.3	89.9
社会满意	0.793	2	110.3	99.5
综合绩效	0.742	1	109.8	100.0

资料来源：笔者自制。

二、江苏省结果

该省国土面积 10.26 万平方公里，下辖 13 地级市、55 市辖区、21 县级市、20 县，2018 年末常住人口为 8029 万人（排全国第 5 位），地区生产总值为 85896.76 亿元（排全国第 2 位），人均国内生产总值为 107150 元（排全国第 4 位）。[②] 其 2018 年财政收入绩效评价结果（见表 8 - 9），其中综合绩效指数为 0.734，全国排序第 2 位，相当于全国均值的 108.7%，"收入决策""过程监管" 2 个领域层绩效有待改善。

---

① ② 　资料来源于《中国统计年鉴 2019》，并见表 8 - 1。

表 8 - 9　　　　　　　　　　**2018 年江苏省财政收入绩效评价结果概览**

领域层	指数与排序		横向比较（%）	
	指数	全国排序	相当于全国均值	相当于最高省
收入决策	0.655	9	104.4	84.9
过程监管	0.835	10	103.8	96.1
目标完成	0.709	1	116.1	100.0
社会满意	0.777	4	108.1	97.5
综合绩效	0.734	2	108.7	99.0

资料来源：笔者自制。

三、江西省结果

该省国土面积 16.7 万平方公里，下辖 11 地级市、25 市辖区、11 县级市、64 县，2018 年末常住人口为 4622 万人（排全国第 13 位），地区生产总值为 20006.31 亿元（排全国第 16 位），人均国内生产总值为 43424 元（排全国第 23 位）。① 其 2018 年财政收入绩效评价结果（见表 8 - 10），其中综合绩效指数为 0.685，全国排序第 14 位，相当于全国均值的 101.4%，"过程监管""社会满意" 2 个领域层绩效相对较优，"目标完成"领域层绩效有待改善。

表 8 - 10　　　　　　　　　　**2018 年江西省财政收入绩效评价结果概览**

领域层	指数与排序		横向比较（%）	
	指数	全国排序	相当于全国均值	相当于最高省
收入决策	0.629	12	100.2	81.5
过程监管	0.836	9	103.9	96.3
目标完成	0.590	22	96.5	83.2
社会满意	0.773	8	107.0	97.0
综合绩效	0.685	14	101.4	92.3

资料来源：笔者自制。

---

① 资料来源于《中国统计年鉴 2019》，并见表 8 - 1。

四、广西壮族自治区结果

该省国土面积 23.6 万平方公里，下辖 14 地级市、40 市辖区、7 县级市、52 县、12 自治县，2018 年末常住人口为 4885 万人（排全国第 11 位），地区生产总值为 18523 亿元（排全国第 19 位），人均国内生产总值为 38102 元（排全国第 28 位）。[①] 其 2018 年财政收入绩效评价结果（见表 8 - 11），其中综合绩效指数为 0.681，全国排序第 15 位，相当于全国均值的 100.8%，"过程监管""社会满意" 2 个领域层绩效相对较优，"收入决策" 领域层绩效有待改善。

表 8 - 11　　　　2018 年广西壮族自治区财政收入绩效评价结果概览

领域层	指数与排序		横向比较（%）	
	指数	全国排序	相当于全国均值	相当于最高省
收入决策	0.597	22	95.2	77.4
过程监管	0.827	12	102.9	95.3
目标完成	0.617	16	101.0	87.0
社会满意	0.751	10	104.6	94.3
综合绩效	0.681	15	100.8	91.8

资料来源：笔者自制。

---

① 资料来源于《中国统计年鉴 2019》，并见表 8 - 1。

启示与建议

第九章　完善人大主导的财政收入——支出绩效评价机制

　　人大主导的财政收入——支出绩效评价模式作为一项新的探索，近年实践已在一定程度上验证了其科学性与可行性。但总体来看，这项制度仍处在应用初期，不管是理论还是操作层面都存在完善的空间。本章即在前述体系构建和实证分析基础上，从整体的视角对该模式运行情况进行概括，尤其是归纳其存在问题，并提出进一步改进的思路建议。

第一节　人大主导的财政绩效评价实践取得成绩

　　我国自 2002 年起，即有部分省市开始逐步探索人大监督政府财政支出绩效的经验，试图建立由人大常委会督导和支持财政部门对重点公共项目、专项资金等开展绩效评价的相关机制。以广东省为例，2004 年有 114 个省直部门全部做出详细的年度预算提交人大代表审核，2005 年还对重要部门进行了重点监督；至 2014 年，省人大常委会将"全省战略性新兴产业发展专项资金绩效情况专题调研"列入年度监督工作计划，正式启动人大主导的财政支出绩效评价工作。

　　自 2014 年起，广东省尝试由人大委托第三方对重要财政资金支出实施绩效监督（评价）的模式，此举为加强人大监督职能、提升评价民主性和公信力的重要举措，引起学术和实务界的强烈关注。应该说，人大主导的财政支出绩效评价相对于财政部门组织而言，其参与主体更加广泛（包括财政和主管部门、第三方机构、专家学者和社会公众均对评价结果做出贡献），评价手段更加丰富（通过课题组评审、专家评议、书面质询、现场答辩及问卷调查等多个环节互相取证），评价内容也更加全面。从实践来看，多个省市近年也在不同程度引入人大、政协等共同参与财政支出绩效评价，可视为对这一模式的印证和支持。

近年来，人大主导的财政支出绩效第三方评价由试点走向铺开，已形成较为完整的评价体系和工作流程。归纳其普遍的做法：一是由人大常委会作为评价决策和发起机构，人大财经委负责具体组织，统筹评价规划与管理事宜；二是通过公开招标选聘第三方评价机构；三是评价流程需要政府相关部门（包括财政和主管部门）与评价方密切配合；四是评价结果主要以民主监督手段落实应用。总体来看，几年所选评估范围（产业发展与民生保障）皆为群众关注度极高的"重要"财政支出，此项工作在全社会引起巨大反响。归纳其主要成绩，我们以为有以下四点：

一是探索了"人大主导、政府部门协同、第三方实施"的评价组织模式，成为国内优化财政支出监督主体的示范。按照以往经验，财政支出绩效评价的一般由财政部门发起和组织，但由于财政部门本身负有资金管理和监督责任，理论上亦为被评对象，这种组织模式难以避免其角色冲突等问题。广东等省的实践旨在探索人大对财政重要专项资金实施绩效监督的方式，并在人大常委会年度监督工作计划的基础上，由人大负责挑选被评资金、协调财政与资金主管部门关系、委托和组织第三方评价，创造性地践行了"人大主导、政府部门协同、第三方实施"的绩效评价模式。经验表明：因为人大于政府体制而言具有相对超然的立场，这一模式有效地解决以往财政部门主导评价的角色冲突，不仅有助于吸收、动员和组织社会各界专业人士参与（监督）对政府财政支出绩效评价，扩展了评价主体代表性，而且增强了评价结果的科学性和公信力。

二是完善了评价技术体系，融合资金管理、使用和监督等不同维度绩效及课题组评审、专家评审与现场核查多种评价方式。技术体系科学是保证评价结果有效的前提。评价是在经过多年实践验证的财政专项绩效评价体系基础上，进一步运用层次分析法和专家咨询等技术手段，对应财政资金特点进行优化。以广东省人大主导的评价为例，它重点指向三个层面，包括宏观层面财政资金立项决策及管理办法设定目标的科学性与可行性，中观层面地方主管部门对资金监管的有效性，以及微观层面资金基层用款单位使用资金的合规性。资金整体绩效由管理绩效、使用绩效和监督绩效等不同维度构成，并分别采用课题组评审、现场核查与专家评审等不同方式取得结果。所有评价指标的权重经专家咨询调查结果确定，以保证其科学性。

三是引入专家和公众满意度调查，覆盖不同利益相关群体，并以现场答辩、书面质询等方式增强评价公信力。财政支出绩效评价的目标导向是提高政府财政的公信力，即公众对财政支出的满意度。现由人大所主导的评价在不同层面分别导入专家和公众满意度，调查对象包括行业企业、主管部门、专家学者、人大代表和媒体记者等，兼顾了不同的利益群体，并进一步考虑到评价过程中多方信息沟通的重要性，增加了专家评审会、书面质询、新闻发布会等环节。专家评审会由第三方组织具有财政学、产业经济和政府绩效管理专业背景的专家参加，在听取主管部门及部分用款单位汇报的基础上，就评价发现问题展开质询；针对评价所及的若干重要问题，再由评价方发函向省级主管部门进行补充咨询，要求给予书面答复；评价结果最终通过新闻发布会公布，以此倒逼责任部门进行职能优化。

四是积累了委托第三方评价与对其有关工作监督及要求的经验。连续 8 年的较长时间评价实践，有别于以往由政府（财政）部门组织开展评价的方式，人大从一开始就着手考虑对第三方评估相关工作的规范。2014 年广东省人大常委会办公厅基于前期实践所印发在监督工作领域开展第三方评估的暂行规定，2016 年专门印发《人大开展财政支出绩效第三方评价的实施办法》（简称《实施办法》），对第三方评估的内涵、总体要求、适用范围，组织实施的程序及评价成果的验收、公布及运用予以明确，为人大监督引入第三方评估进行了顶层设计，并提供可复制与推广的制度模式，成为人大监督引入第三方评估由实践创新走向制度化的标志。

第二节　人大主导的财政绩效评价工作存在的问题

尽管人大主导的财政支出绩效评价第三方评价取得了有益成绩，但也存在以下四个方面的问题。

首先，对财政收入及收支联动方面未有实质性绩效监管。绩效评价为民主的范畴，不仅体现在评价主体的广泛性（民间组织和公众参与），更体现在其监督和纠错内容的全面性（提供政府行为理想标准，即回应社会需要）。逻辑上讲，收入和支出构成财政治理的两个"臂膀"，并且两者是息息相关的。然而无论是财政部门还是人大主导的绩效管理，就目前情况看仍基本停留在财政支出方面，对于财政收入则只对预决算文本"举手表决"。显然，只有把人大开展监督的环节不断向前延伸，力争全部资金（从收入源头起）纳入绩效管理，人大提前介入财政收支决策、开展甚至主导收支联动的绩效评价，才是其创新监管手段、提升监督效能的实质表现。

其次，部分基层主管部门与项目单位重视及配合不够，报送自评材料与现场提供信息质量欠佳。第三方评价工作需要各级财政和专项资金主管部门的密切配合，原则上由主管部门负责本系统内评价的部署和监督，要求及时报送自评材料与协助第三方现场核查。然而从现实情况看，个别地区个别基层单位对此重视及配合力度不足，包括未在规定时间内递交自评材料或材料填写较为粗糙，不能提供针对项目实施的完整绩效信息；以及个别单位以其他工作难以协调为由，不能安排熟悉情况的工作人员接受第三方的现场核查。这些都给评价方充分掌握资金信息和有效开展评价造成障碍。

再次，评价工作程序本身周期较长，一定程度上影响了评价及时启动和尽早完成。作为政府采购项目，需要经过统一的公开招标流程。就前期准备工作本身来讲，大约需经拟定评价计划、确定评价计划、制作需求书和招标文件、委托政府采购中心实施招投标、确定中标单位、签订委托合同、设计评价方案、批准评价方案与下发评价通知等步骤。仅公开招标环节，按正常程序走完即需至少2个月，此中还需协调财政部门与主管部门、第三方机构等召开多次座谈会，各类文书需报领导审定，等等。从年度评估工作的角度看，这些工作无疑耗时过长，留给第三方机构真正开展评价的时间不多，一定程度上影响了评价质量的进一步提高。

最后，第三方机构往往难以适应绩效评价的综合性要求和技术要求。第三方机构往往是某一领域的专业机构，不能完全适应对财政支出的财务、管理和专业技术指标进行综合性评价的要求，特别是面对当前各类专项财政支出涉及的范围广、专业性强、技术难度大、操作障碍多等情况。如何有机整合不同第三方机构的力量，实现人员配置、专业能力素养、实际操作能力都符合规范化要求，也是现实当中一个急需解决的难题。另外，第三方评价工作仍存在一些不足之处，需要进一步完善。如评价程序烦琐，前期准备和材料收集耗时较长，工作效率有待提高；信息不对称，信息收集、甄别和处理的难度大，评价结果客观性有待提高；缺乏法规制度的有效支撑，管理规程和质量控制等业务规范有待完善；如何提升社会公众对第三方的信任度、提高评价的独立性、专业性、民主性和覆盖面；等等。

第三节　继续完善人大主导财政绩效评价机制的建议

一、总体改进思路

针对上述问题，人大主导的财政绩效第三方评价可在以下三个方面加以完善。

第一，继续挑选关乎群众利益、社会关注度高的重要财政资金进行评价监督，扩大评价范围与落实问责效力。相对于现有财政支出规模，无论在哪个层级，目前实施第三方绩效监督的范围都十分有限。下一步应在资源和条件具备的情况下，进一步扩大人大委托第三方绩效评价的领域范围与资金规模，特别是要挑选关乎群众利益、社会关注度高甚至敏感争议较多的重要财政资金进行评价监督；同时要强化评价结果的反馈与问责，督促有关单位及时进行整改并向人大汇报。

第二，逐步实现评价结果应用的制度化。从现有实践看，各地评价结果都或多或少对有关工作起到了推动作用，但这些评价结果对责任部门形成压力，除了评价本身采用量化和排序的方法之外，与评价主体创新本身所带来的社会效应不无关系。但就该评价长效的发展而言，大数据时代纷繁复杂的评价与排名难免分散公众对评价本身的注意力，因此，仅靠新闻发布会在短期内对相关部门施压并无法保证第三方评价结果发挥实效，需要通过将评价结果应用制度化（比如将评价结果与预算安排挂钩），并形成相应的问责机制。

第三，完善委托第三方评价法律制度。人大选聘第三方及签订合同的过程实际上是一种行政委托，第三方评价权本质为对财政支出监管权力的让渡和延伸。那么在理论维度，行政委托应当具备的法律要件：一是有法定依据，二是委托机关拥有法定权限，三是符合法定程序，四是委托对象具备相关资质与合法条件。现实来看，这些法律要件似乎都有形式上的完整性，然而究其根源却未必充分。截至目前，尽管广东省人大常委会以出台规范性文件（《实施办法》）的形式进行了探索，但第三方评价的法制环境总体仍不健全，未能清晰界定和确保第三方评价的独立性及对其进行有效监督。第三方评价的实施大多数以财政部门的文件或通知方式进行约束与规范，仍缺乏具有法律约束力的法规或条例进行指导和保障，难以树立第三方在评价过程中的权威性，难以完全消除第三方评价的委托—代理关系的道德风险以及可能滋生腐败的隐患，以及协调信息公开与保密之间的矛盾。无论是第三方机构的遴选、资质认证还是评价的组织实施、评价指标与评分标准设计等，都必须遵循一定的制度规范。此外，规范政府财政行为不仅仅是规范政府财政部门的行为，也还需通过制度建设明确人大、政府有关部门及学术机构、社会组织等第三方力量在预算支出绩效评价工作中的职责，厘清其权责归属和业务关系流程，以实现第三方对于既有官方评价体系的有机补充。

二、聚焦评价范围

事实上，广东省近几年的人大主导评价实践已在国内学界、实务部门和全社会产生了重要影响。比如 2015 年全省战略性新兴产业发展专项资金、2016 年企业技术改造专项资金、2018 年基层医疗卫生服务能力建设资金等第三方绩效评价报告，作为省人大专题调研报告的重要组成部分，受到多名正副省级领导高度肯定和重要批示，并被有关省直部门采纳应用；评价过程及结果还被人民网、凤凰网、新快报等国内主流媒体广泛报道，广东省电视台以专题纪录片形式予以总结。学术界更是充分赞扬该模式在全国的首创性和示范作用。

但更为关键的，人大作为评价主体对财政支出绩效评价的影响在其评价范围选择上。纵观这几年评价，体现为三个特点：一是社会关注度高，如近年评价的基础教育"创强"与农村危房改造补助专项资金，皆为关系到广大群众切身利益、处在社会舆论焦点的方面，主流媒体不时报道有关该项工作开展及财政资金使用的相关问题；二是事关社会经济重大决策，如战略性新兴产业发展资金、产业园区和企业技术改造资金、促进高端装备制造业发展资金，都是国家长远发展战略和根本利益考量的范围，涉及经济转型升级和创新驱动发展的宏观目的；三是资金规模大，涉及面广，列入被评专项基本涉及数十亿或上百亿，覆盖全省市县，基层用款单位有几千甚至上万个。这不仅体现人大作为国家权力机关的财政绩效监督不仅站得高、看得远，而且强化监督的整体性、前瞻性和专业性。自然，这些也应当作为今后人大挑选评价资金的重要原则。

在此基础上，作为今后年度人大继续挑选评价资金范围的考虑，提出两个方面的建议。

一方面是提升发展质量方面的专项。提升发展质量是党的十九大提出的国家重要战略，涉及综合国力和发展全局的关键问题。提升发展质量的内涵很丰富，主要包括技术创新、金融创新、成果转化、科研资助、人才培养等方面。这几年国家和地方各级财政在这些领域的投入巨大，如产业转移、技术改造、人工智能、互联网＋等，不少地区都把它们作为政府扶持重点。那么究竟这些钱花得怎样，有没有起到良好的效果，值不值得，应不应该花，应该由人大牵头来评价一下。

另一方面是底线民生保障方面的专项。李克强总理早在十二届全国人大三次会议上就强调，我们要竭尽全力，坚决把民生底线兜住兜牢。底线民生保障方面的财政支出有几个特点：一是履行公共财政之法定和"兜底"职能；二是作为福利或补偿性投入（不以简单效益为目的）；三是补贴对象为服务而非监管对象（其满意度构成资金绩效）。如广东省作为全国经济发达省份，其"底线民生"保障水平却相对落后，如城乡低保、养老、最低工资标准等都无法跟上需求。对这些方面投入进行绩效评价也需与其他类别资金有所区别，需重点解决的问题：一是政策定位与评价重点的选择，二是服务对象与资金监管的关系，三是过程控制与结果导向的平衡，四是效率性与公平性的取舍。由人大来主导评价有助于这些问题更好地解决。

三、整合评价内容

一是落实人大主导的财政收入—支出联动绩效管理机制，推行部门收支整体或跨部门联合绩效评价。人大不仅是财政收入、支出预算审议和批准的决策主体，更拥有监督政府（财政管理）的法定权力。理想状态下，实现财政收入—支出联动绩效管理可在人大身上找到天然的交汇点。但这仍有赖于各级人大一方面要创新对财政支出的监管手段，如采用人大直接委托第三方实施重要财政资金绩效评价等方式，不断强化监督效能；另一方面要力争把监督关口前移，人大提前介入财政收入决策甚至主导开展收入绩效评价，尽可能把全部财政资金（从收入源头起）纳入绩效监督；不仅如此，人大应将更多精力放在财政收支联动监管上，包括其总量协调、结构相称、收支有度和体制优化等，即在预算审议与决定的环节更多依靠专业力量，进行实质性审查。在这一基础上，财政收入—支出毕竟分由税务、财政等不同职能部门统筹主管，应加强对部门履职绩效及其目标完成情况的整体监督，可借鉴目前已有的公共部门或部门整体支出绩效评价技术，推动跨部门的联合监管，强化相关部门业务之间匹配衔接。

二是逐步建立同级或跨级财政收入—支出联网督查、实时监控和跟踪问责的全方位监督体系。深化计算机科学与现代化信息技术手段的应用，探索形成对财政收入—支出全流程的数字化管理，实现同级或跨级收支预算从编制到批准、从执行到监督、从决算到问责各环节的联网监察与实时监控，进一步利用大数据、人工智能等前沿科技开展提前预警和动态干预，把问责程序分散化，把合规性问题解决在发生状态。这项工作可在条件成熟的地区先行先试，逐步扩展。

三是加强财政税务等主管部门沟通联系及业务整合，完善多元主体参与的财政收支决策系统。财政、税务以及其他收支协管部门应进一步加强联系，整合绩效目标与工作措施，避免相互矛盾，消除比如科技部门增加企业研发补贴却造成税务部门潜在税源减少等问题。可以地方为试点，创新体制渠道，加强专家学者、代表委员和其他公众对于财政收支决策（绩效目标设置）的科学论证。通常情况下，推动财政收入—支出联动绩效管理的利益关联方不仅有政府部门、评价组织，还应有利益相关或无关者，因为利益受损者甚至边缘者意见对于衡量一项政策好坏同等重要。为此，要求各类决策和监督主体在引入多元主体参与的样本量设计、样本结构控制、论证程序编排等方面力臻优化，引导评议者理性表达。

四、优化第三方评价

第一，坚持第三方立场及其独立性。第三方评价的立足点在其与政府无隶属关系的立场和独立性，可以说第三方评价财政支出绩效的本质是真正的公共治理，它不但是体现民主和民意的一种理性方式，而且找到了公众有序参政议政、参与财政管理（监督）的制度化渠道。在评价过程中，第三方的独立性具体表现在：独立制定评价方案，独立组建评价技术团队，独立收集和分析评价信息，独立开展现场核查及满意度调查，独立作出评价结论等。当然，就实际操作而言，第三方评价仍或多或少不可避免地受到委托方（评价组织机构）的影响，比如评价方案的制定和发布评价通知需获得其认可，评价实施尤其是与被评单位接洽仍需借助于财政部门协调（否则难以确立身份认同），目前由第三方机构独立发布评价结果尚不具有体制基础和实证先例，等等。正因为如此，第三方评价结果的生命力和公信力便有赖于在整体评价工作中，委托方应帮助被委托方恪守民间本位，尽可能减少或排除体制的干扰，除了必要的指导和协助外，应保障其独立开展工作的资源与效力，同时增强评价过程的透明度。

第二，明确第三方评价的技术功能。尽管第三方评价相较于其他评价方式体现出超然的独立性、视角的全面性与评价的科学性，但第三方评价在整个人大监督政府的过程中仅作为技术手段，并无法代替人大监督本身的制度机制与公众意见。一方面，人大监督作为我国人民代表大会制度的重要组成部分，具有众多的制度机制保证公众意见的表达。尽管当前人大监督的实效与社会公众的期望存在一定差距，但这种差距只能通过制度完善加以解决，而不是直接取而代之，这是因为现有制度框架中，人大可分别通过人事任免、财政监督等"硬"的手段和询问、沟通与协商等"软"的手段发挥监督实效。第三方评价可以很好地在技术层面发挥作用，但人大制度结构层面中一些机制的完善也是不容忽视的。因此，第三方评价能否充分发挥作用，在很大程度上也取决于其能否与人大监督的相关机制充分衔接。另一方面，评价政府行为的最终标准在于公众的满意程度。尽管许多第三方评价会引入公众满意度作为评价依据之一，但评价本身总是有所侧重的，难以全面反映复杂多样的公众主观感受和评价，因此，第三方评价中的满意度调查只能作为参考依据之一。

第三，进一步优化委托第三方评价的工作流程。一方面，政府实行财政资金绩效评价项目采购已经多年，现有第三方机构资质高低在这个过程中已有所体现，可以成为人大项目采购的依据；另一方面，部分项目对第三方机构资质要求较高，或另有特殊的要求，并非所有第三方机构都有必要参与投标。基于这两个前提，针对较为重大的财政专项，其绩效评价可通过邀请招标实现，从而减少招标过程中的工作量，提高招标效率。同时，在技术上，可实行电子化审批，减少由于文件传递而造成的时间损耗。建议由省人大牵头，集合相关高等院校或科研院所、社会咨询机构等共建一个省级预算支出绩效评价研究基地，充分发挥高校和科研机构专业性强的特点，形成专业智库，稳定对预算支出绩效评价有关工作的智力支持，打造"产学研"一体化服务机制。

第四，优化对第三方机构的选聘机制，加强对其工作监督。一方面，由人大牵头组织开展财政支出绩效第三方评价工作具有探索性，需要有扎实专业资质、前沿理论功底和丰富实务经验的优质第三方共同合作进行，并保持这一过程的相对延续性，因此要进一步优化对第三方的选聘程序，在法律允许的范围内尽量简化流程，择优委托。另一方面既要保持第三方工作过程的相对独立性，也要实现对其工作质量的有效监管，包括对之实施关键业务指导，加强评价过程的信息沟通，并在评价完成后进行质量评审，实行优胜劣汰。为保证这两方面效果，需要采取有效措施，加大力度培育第三方评价市场。省人大、政府部门和有关单位应增强对第三方服务的购买力度，扩展对第三方机构的需求范围，适当提高对第三方服务的报酬，引导和吸收更多优质第三方机构投入预算支出绩效评价研究。同时应出台相应的规范性文件，明确第三方机构的职责权限、工作程序、纪律约束等，提升第三方服务质量。

第十章　推进财政收入—支出绩效评价法治化建设

无论从理论还是实践层面看，人大主导的财政收支绩效评价模式尽管具有优势，但仍需进一步落实与完善，包括尽快解决操作中遭遇的各类问题，厘清相关主体权责与业务流程，并通过制度及法律的形式加以固定。也就是说，法治化成为进一步强化和推广应用人大主导财政绩效评价机制的重要途径。本章即以此为导向，通过分析这一模式的法治化建设现状及广东省在该领域探索的经验，提供有价值的参考范式。

第一节　现代财政制度及其法治化内涵

《中共中央关于全面深化改革若干重大问题的决定》中指出：财政是国家治理的基础和重要支柱；必须完善立法、明确事权、改革税制、稳定税负、透明财政、提高效率，建立现代财政制度。财政透明和财政效率（绩效）构成现代财政制度的关键内容。所谓财政治理现代化，即是让中国财税体制与当今世界财政制度发展的最前沿接轨，实现从"公共财政"到"现代财政"的蜕变。由此，推动绩效财政的中国化发展，应当置于财政治理现代化的整体视域，并作为国家治理体系和治理能力现代化的重要组成部分。

高培勇从总体上勾画了与计划经济下传统财税体制相区别的现代财政（财政）制度形态，包括三个关键特征：一是公共性，即以满足社会公共需要的根本宗旨；二是非营利性，即以公共利益极大化的出发点和归宿；三是法治化，即将财政运行全面纳入法治规范轨道。① 事实上，这更多是针对静态意义的财政制度本身的现代化要求，或提供了一种抽象的价值目标。而基于治理的

---

① 高培勇. 论国家治理现代化框架下的财政基础理论建设［J］. 中国社会科学，2014（12）：102－122.

本源性内涵，现代财政治理更应体现为多元主体之间相互协调的动态过程。因而，可将动态视角下财政治理现代化的要旨归纳为：一种"市场型财政"，致力于解决市场机制所不能解决的问题，恪守政府（公共财政）行为的职能边界，避免因财政收支造成各个经济行为主体间的差别待遇或非公平竞争；一种"民主型财政"，致力于满足社会公共需要及回应不同人群利益诉求，包括强调财政收支决策的民主程序以及财政管理（监督）过程的多元主体参与；一种"法治型财政"，致力于财政收支各环节的合法性、程序性与规范性，包括财政组织的结构化、财政制度的科学化以及财政实践的共识化；一种"绩效型财政"，致力于追求公共财政收支决策与管理的科学性，满足财政治理经济性、效率性、效果性和公平性原则。

在欲望无限和资源总体稀缺的前提下，公共财政管理必须妥善协调各类矛盾、平衡不同的收支需求，从而实现收支决策的科学性，并在真正意义上增进公共利益。

第二节　我国财政绩效评价的法治化探索

绩效财政在中国有自身的发展历程。早在 2001 年，财政部即组织专业力量进行发达国家相关经验的研究。2003 年，中共中央《关于完善社会主义市场经济体制若干问题的决定》提出，要"建立财政绩效评价体系"。自 2007 年起，每年确定若干中央部门的财政支出项目列入绩效评价范围。2011 年，国务院批准财政部等 6 个部门和杭州市、深圳市等 8 个地区为政府（财政支出）绩效管理试点，进一步将该项工作推向全国。笔者认为，以财政支出绩效评价为主导的我国绩效财政建设，在实践中取得了若干进展：一是从体制内评价到第三方评价，二是从财政部门组织评价到人大主导多元主体参与评价，三是从用款合规性评价到包含决策科学性、监管有效性的资金整体绩效评价，四是从专项财政支出绩效评价到分类（一般性）财政支出绩效评价。

然而事实上，财政绩效评价在我国推行亦面临诸多现实矛盾。归纳起来：一是财政支出绩效评价过程规范性与结果有效性之间存在背离，二是资金使用合规性评价面临资源及成本约束并与财务审计功能发生交叠，三是评价专项资金向评价一般支出扩展受到财政公共性目标及结果不易测量的困扰，四是财政信息公开程度不高。造成这些矛盾无疑既有评价组织和技术体系本身因素，亦有财政体制和外部环境的干扰。绩效财政的法治改革有助于为我们确立一个推进以绩效为导向的国家治理转型的关键突破口。

从实践来看，2009 年 6 月，财政部出台了《财政支出绩效评价管理暂行办法》，成为较早有关绩效财政的全国性行政规章（2011 年对其作了修订）。北京市、湖北省、广西壮族自治区等 20 多个直辖市和省份也陆续颁布了本级财政支出绩效管理办法，其中广东省、湖南省等 4 省出台办法早于财政部办法的颁布时间；海南省、北京市、广西壮族自治区等 8 个省份和直辖市还同时颁布了实施细则、工作规程或评价专家（中介机构）管理办法等相关法规。拥有地方立法权的 50 个城市中，成都市、青岛市等 23 市颁布了关于财政支出绩效评价的地方行政规章；哈尔滨市 2009 年 6 月起制定并实施了国内首部政府绩效管理地方性法规——《哈尔滨市政府绩效管理条例》；南昌市、抚顺市等 3 市还颁布了关于绩效评价专家或聘用第三方机构的管理办法；厦门市虽没有颁布关于财政绩效管理的地方性法规，但颁布了有关工作规程；等等（见表 10 - 1）。

表 10 - 1　　　　　　　我国推动绩效财政实施的代表性法规文件

年份	颁布单位	法律法规名称	位阶
1990	国家计划委员会	《关于开展 1990 年国家重点建设项目后评价工作的通知》	部门规章
2003	财政部	《中央级教科文部门项目绩效考评管理试行办法》 《中央级行政经费项目支出绩效考评管理办法（试行）》	部门规章
2004	财政部	《中央政府投资项目预算绩效评价工作的指导意见》	部门规章
2005	财政部	《中央部门预算支出绩效考评管理办法（试行）》 《中央级教科文部门项目绩效考评管理办法》	部门规章
2006	发改委、建设部	《关于建设项目经济评价工作的若干规定》 《建设项目经济评价方法与参数》（第三版）	部门规章
2009	财政部	《财政支出绩效评价管理暂行办法》（2011 年进行了修订）	部门规章
2009	哈尔滨市人大常委会	《哈尔滨市政府绩效管理条例》	地方性法规
2014	全国人大常委会	《中华人民共和国预算法》（2014 年修正案）	基本法律
2016	广东省人大常委会	《广东省人大常委会关于开展预算资金支出绩效第三方评价的实施办法》	地方人大规范性文件
2018	中共中央国务院	《中共中央国务院关于全面实施预算绩效管理的意见》	中央/国家规范性文件
2018	中共中央办公厅	《中共中央办公厅关于人大预算审查监督重点向支出预算和政策拓展的指导意见》	

资料来源：李波，张洪林. 财政支出绩效评价法制化建设 ［J］. 华南理工大学学报（社会科学版），2015（1）：73 - 79；笔者进行了整理。

2014年通过并于2015年起实施的《预算法》，首次在国家法律的战略层面提出"财政应遵循绩效原则"基本要求，为我国财政体制由传统财政向绩效财政转型奠定了法理基础。据统计，"绩效"一词在新《预算法》的文本中共出现六次，包括在财政编制、审查和批准、执行和监督以及决算各环节均指明了绩效管理的具体要求。2016年印发的《广东省人大常委会开展预算资金支出绩效第三方评价实施办法》，对人大主导条件下委托第三方评价的诸方面做了比较细致规定。在党的十九大报告相关阐述基础上，2018年出台的《中共中央国务院关于全面实施预算绩效管理的意见》把预算绩效管理工作提到了前所未有的高度，指出它是"推进国家治理体系和治理能力现代化的内在要求，是深化财税体制改革、建立现代财政制度的重要内容，是优化财政资源配置、提升公共服务质量的关键举措"，并进一步从"三个全面、三个保障"角度界定了预算全面绩效管理的内涵。

第三节　中国特色法治型绩效财政体系建构

法治与绩效精神分别对财政管理提出不同的具体要求。绩效的本义视经济性和效率性为生命，单纯或过分强调财政绩效可能会忽视其过程规范与结果公平；而法治天然地又将公平与秩序奉为至上，单纯强调预算法治也可能反过来使其成本过高且结果失能。我们的理想则是塑造一种既有绩效又讲法治的财政管理模式，对其静态的逻辑结构和动态的过程机理分别阐述如下。

一、法治型绩效财政的逻辑结构

法治型绩效财政作为一种法治化（或讲究法治）的财政绩效状态，其构成要件从逻辑上讲亦可借鉴预算法治的解读思路，分为法治型（法治化）的绩效财政价值观念、组织模式、制度机制和实践秩序四个模块。

（一）法治型绩效财政价值观念

法治型绩效财政的价值观念，即是在财政绩效的价值体系中导入预算法治的价值精神。在我们看来，财政的绩效化导向蕴含了对财政的经济性、效率性、效果性和公平性追求，而实现这些追求又是以财政的目标科学性、过程协调性、结果有效性与问责公正性等原则来保障的。与此同时，财政的法治化导向则以财政公平有序、促进经济社会各领域发展及符合法制等理念为支撑。两大观念系统之间存在内容倾向上的典型差异（如图10-1所示）。

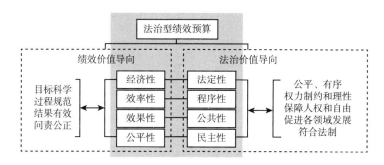

图10-1　法治型绩效财政价值观念构成

资料来源：笔者自制。

　　具体而言：一是财政追求经济性应以法定性为前提，比如其成本节约、投入控制等行为应建立在法定形式确定的财政蓝本基础上，即使是力求节省也不容随意；二是财政追求效率性应以程序性为保障，这主要相对财政的执行过程来讲，即其以目的性为导向讲究时效也需遵循普遍规范的程序规则；三是财政追求有效性应以公共性为限度，即公共财政之结果有效必须是相对于公共利益而非私人（或小团体）利益实现来计量的；四是财政要按照民主机制编制和执行，确保不同群体（不同代际）利益诉求的衡平。2014年《预算法》修正案的文本头条——"为了规范政府收支行为，强化财政约束，加强对财政的管理和监督，建立健全全面规范、公开透明的财政制度，保障经济社会的健康发展，根据宪法，制定本法"，体现出对预算法治（规范性）与财政绩效（有效性）价值融合的弘扬。

（二）法治型绩效财政组织模式

　　法治型绩效财政的组织模式要求财政绩效关联的组织（机构和个人）按照法治化的原则来设立及运转，用法治的方式来实现财政绩效追求。这主要涉及对财政组织从绩效管理和法治进程两个维度的权责划分，以及其运行效果的规划问题。财政关联组织是一个复杂系统，形成交错的矩阵结构。对这些复杂机构的权责划分，一是从财政绩效管理的角度，基本可分为绩效规划（设计组织）、绩效生产（管理组织）、绩效监督（问责组织）和绩效评价（应用组织）等类别，它们各需承担相应的权责。具体比如：各级预算单位、财政部门和人大需（按程序）共同负责财政的绩效规划或目标设计，然后由财政部门、预算单位连同相应的用款者共同负责财政的绩效生产和管理,① 由财政部门、人大、财政监督部门和社会评估机构共同负责财政的绩效监督和问责（即由其共同完成财政的绩效评价和应用）。进一步对于同属权责，不同机构所承担的角度或限度又是有所区分的，如就财政的绩效监督权来讲，人大对应于立法监督，财政、审计、监察、人事等部门对应于行政监督，公检法对应于司法监督，第三方评估机构则对应社会监督；财政的绩效评价权亦可作此类似的划分。二是从预算法治过程的角度，又有财政编制（执行）单位、财政审查（批准）单位、财政管理（监督）单位和财政评估（反馈）单位等，它们也需承担相应的权责。

（三）法治型绩效财政制度机制

法治型绩效财政的制度机制，即财政绩效管理相关联的主体、权责、程序、限制和救济等各方面要求，都能体现在（或落定成为）完整科学的法制体系（之中）。就我国现阶段而言，最为欠缺的是财政绩效管理方面专门的行政法规（比如国务院关于政府、财政支出绩效的管理条例）。从内容上讲，应当表现为财政绩效管理和预算法治过程两方面制度机制的相互融合。前者大致涵盖了绩效财政的目标（设定）机制、投入（使用）机制、过程（管理）机制、产出（衡量）机制、效果（评价）机制和反馈（应用）机制等，后者则包括财政的编制制度、审定制度、执行制度、监督制度、评估制度与问责制度等。总而言之，就是建立一套体系完备、功能完善、逻辑自治、精确可行、简便灵活的法治型绩效财政的制度机制。

（四）法治型绩效财政的实践秩序

法治型绩效财政的实践秩序，则是力图实现财政绩效秩序和预算法治秩序的互相结合。从其内容来讲：财政绩效秩序可大体分为目标秩序、过程秩序、结果秩序、评价秩序和反馈秩序，也就是在目标设定等各环节都深入贯彻绩效的精神追求；预算法治秩序既可按逻辑分成观念秩序、组织秩序、制度秩序和实践秩序，又可按过程分为编制秩序、审定秩序、执行秩序、监督秩序、评估秩序和问责秩序，即需在财政实施的各环节都凸显法治的精神追求。两者结合即在原有或已经形成的财政绩效秩序中进一步加入预算法治的要求并形成自觉，按照预算法治原则来改造、规范或重建的财政绩效秩序。

---

① 这里的财政绩效管理作为一个狭义概念，专指对财政绩效的业务主管含义，跟财政绩效的生产、监督、评估、问责等环节相对，而广义的财政绩效管理应是包括上述各环节的整体范畴。

二、法治型绩效财政的过程机理

从财政绩效的实现过程来讲，法治型绩效财政则是对应其绩效目标设定、绩效行为选择、绩效结果评估与绩效反馈应用的各个环节分别进行法治化改造，即这些环节在贯彻财政绩效化要求的同时也要满足法治化的运行规则。

（一）财政绩效目标法治化

财政绩效化改革在绩效目标设定环节，要求各级各类财政都应当设立明确的绩效目标，借此概算财政投入额并形成整个财政绩效计划。财政目标必须具有完整性（总体和具体目标）、科学性（目标值合理及量化）和依据性（调查研究与充分论证）特征。

（二）财政绩效行为法治化

在财政绩效行为（实施过程）的环节，绩效化要求各级各类财政绩效组织必须做到机构健全、制度完备、财务合规、实施规范和监督有效，借此保证这一行为或过程相对于绩效目标实现而言是成本节约、时间效率并且是目的指向的。在此基础上，财政绩效法治化进一步要求该环节是由法律制度所规定和保障的，具体包括：一是健全的各级各类财政绩效组织其职权是由法律所确认，二是确认组织职权和规定其运作程序的法律制度本身是科学且完备的，三是各类组织追求财政绩效目标的运作过程必须符合法制规范要求，四是无论体制内还是体制外对财政绩效过程的监督也都依法进行。总之是要形成一个法制科学、职权法定、程序合法、监督依法的财政绩效行为或绩效管理过程。

（三）财政绩效评估法治化

财政绩效评估环节的法治化应当包含两个层面。一是对绩效结果本身的要求，其中绩效化要求财政执行结果必须符合经济性、效率性、有效性和公平性的4E原则，法治化则进一步要求这样的绩效结果应遵循合法性、公平性，以促进各领域发展的公共目的，从而实现其在绩效和法治的双重标准之下是可被测量的。二是对绩效结果评估的要求，其中绩效化要求评估所形成的绩效信息或评估结果应力求专业化，即体现其客观性、真实性和公信力。

（四）财政绩效反馈法治化

从整体上看，绩效化对财政反馈的要求，一是其反馈机制和结果应用应当组织化，二是其奖优罚劣和违规问责应当科学化。从某种程度上讲，这其实也是法治化的要求。进一步地，若要保证这两项绩效化的标准得以实现，则需在其过程中再加入更多法治的原则，比如：一是强调财政绩效信息和反馈应用过程的公开性，二是强调问责机制和奖惩规则的限度，三是明确有关申诉、复议和救济的程序，等等。即通过权力理性行使和广泛监督、有错必纠的法律制度及法治秩序来保证这一财政绩效管理环节的科学有序运行。

　　综上所述，从动态视角看的绩效预算法治化，主要是指将（各级）财政追求绩效的导向及努力以一种法定的方式固定下来，包括对财政绩效目标的设定与执行、对绩效目标完成情况的评价以及根据评价结果影响或决定后期财政安排的具体方式等，都应当在法律明确规定的基础上以科学完善的制度推进实施，并逐步在全社会形成自觉与共识。

参 考 文 献

一、学术专著

［1］［法］布迪厄．文化资本与社会炼金术［M］．上海：上海人民出版社，1997．

［2］［美］阿伦·威尔达夫斯基，［美］内奥米·凯顿．预算过程中的新政治学［M］．上海：上海财经大学出版社，2006．

［3］陈汉宣，马骏，包国宪．中国政府绩效评估30年［M］．北京：中央编译出版社，2011．

［4］［美］西奥多·H.波伊斯特．公共非营利组织绩效考评［M］．北京：中国人民大学出版社，2005．

［5］郑方辉，李文彬，卢扬帆．财政专项资金绩效评价：体系与报告［M］．北京：新华出版社，2012．

［6］周刚志．论公共财政与宪法国家：作为财政宪法学的一种理论前言［M］．北京：北京大学出版社，2005．

［7］Donald Moynihan. The Dynamics of Performance Management［M］. Washington：Georgetown University Press，2008．

［8］Hans Kelsen. The Pure Theory of Law［M］. Berkeley：M. Knight Press，1967．

二、期刊论文

［1］安秀梅，徐颖．完善我国政府预算监督体系的政策建议［J］．中央财经大学学报，2005（5）．

［2］包国宪，曹西安．地方政府绩效评价中的"三权"问题探析［J］．中州学刊，2006（6）．

［3］高洪成，娄成武．论基于人大的政府绩效异体评估［J］．中州学刊，

2012（5）.

　　［4］高培勇. 论国家治理现代化框架下的财政基础理论建设［J］. 中国社会科学，2014（12）.

　　［5］胡钧，唐路元. 对马克思再生产理论的新认识［J］. 当代经济研究，2000（4）.

　　［6］胡税根，金玲玲. 我国政府绩效管理和评估法制化问题研究［J］. 公共管理学报，2007（1）.

　　［7］李艳，林秀玉. 国家治理体系创新与治理能力提升的新探索——广东省人大委托第三方评财政绩效的现实思考［J］. 公共管理学报，2016（3）.

　　［8］林慕华，马骏. 中国地方人民代表大会预算监督研究［J］. 中国社会科学，2012（6）.

　　［9］林毅夫. 林毅夫：政府如何制定产业政策［J］. 中国房地产业，2014（Z2）.

　　［10］马国贤. 推进我国财政绩效评价之路径研究［J］. 行政事业资产与财务，2010（2～3）.

　　［11］孟庆瑜. 绩效预算法律问题研究［J］. 现代法学，2013（1）.

　　［12］牛美丽. 中国地方绩效预算改革十年回顾：成就与挑战［J］. 武汉大学学报（哲学社会科学版），2012（6）.

　　［13］尚虎平，韩清颖. 我国政府独特绩效产生的原因及其价值——面向2007～2017年间我国172个政府独特绩效案例的探索［J］. 政治学研究，2019（3）.

　　［14］尚虎平，雷于萱. 政府绩效评估：他国启示与引申［J］. 改革，2015（11）.

　　［15］施青军. 政府绩效评价与绩效审计差异比较［J］. 中国行政管理，2012（4）.

　　［16］宋健敏，丁元. 绩效评估对政府预算决策的作用与局限——对布什政府项目评级工具（PART）的实证分析［J］. 中国行政管理，2012（4）.

　　［17］王庆. 论现代财政与公共财政：兼述我国现代财政制度的构建［J］. 当代财经，2014（10）.

　　［18］徐健. 财政经营性资金实行股权投资改革初探［J］. 财政研究，2013（8）.

　　［19］颜海娜. 评价主体对财政支出绩效评价的影响——以广东省省级财政专项资金为例［J］. 中国行政管理，2017（2）.

［20］晏辉．现代性语境下公共性问题的哲学批判［J］．哲学研究，2011（8）．

［21］尹中卿．新预算法的十大亮点［J］．中国人大，2014（23）．

［22］郑方辉，费睿．财政收入绩效评价：兑现减税降费政策目标的价值工具［J］．中国社会科学，2019（6）．

［23］郑方辉，廖逸儿，卢扬帆．财政绩效评价：理念、体系与实践［J］．中国社会科学，2017（4）．

［24］中国社科院财贸所课题组，汪德华．中国财政收入规模：演变与展望［J］．经济学动态，2011（3）．

［25］Alfred Tat-Kai Ho. From Performance Budgeting to Performance Budget Management：Theory and Practice［J］．Public Administration Review，2018（4）．

三、媒体及其他

［1］邓淑莲．说到底 这是纳税人权利的体现［N］．东方早报，2013.10.15.

［2］范子英．国税地税合并的逻辑［EB/OL］．搜狐网财经网，http：//www.sohu.com/a/229543950_701468.

［3］郭维真．以"预算法治"推动现代治理［N］．人民日报，2014.8.27.

［4］李炜光．财政不是经济问题，是政治问题［DB/OL］．搜狐财经网，http：//business.sohu.com/20130730/n382936756.shtml.

［5］社论．民间评估政府绩效 社会襄助政府变革［N］．南方都市报，2008.10.21.

［6］王罡．准确把握全面实施绩效管理的思想内涵［N］．中国财经报，2017.10.31.

后　记

　　我始终认为，思考是一个人存在的基本方式。人只有在思考中，才能获得与自己相处的机会，才能倾听自我，知道要往哪里走。就在本书付印时，我恰有半月左右处在病中，这使我不得思考。所以人在每个阶段，都会有每个阶段的烦恼和困扰，只有挣脱出来，才能重获新生。

　　严格来讲，这是我出版的第二本专著。这段时间恰好处在我学术生涯的一个过渡阶段。何谓过渡？我把它称为从"别人让你怎么活"向"自己想怎么活"转变，也是从"没得选择"向"坚定选择"转变。许多科研从业者的成长似乎都要经历这样一个过程，但也有人不用。这就好像是一个孩子，如果受他的父母长辈扶持庇护越多，他自己独立生存就越晚。也有人说这是站在巨人的肩膀上，它能让你看得更远，但你很难保证巨人不会凭借他的能量，自觉不自觉对你的想法行动造成干预，并美其名曰"少走弯路"。其实我从小便是一个自主意识颇为强烈的人，凡事只有自己想通、独立探知或是纳入自我的行动轨道中来，才算心安理得。而一旦背离于此，内心煎熬龃龉；长期背离于此，难以为继。

　　跟"自我"和"无我"关联密切的另一个命题，是忙碌与闲暇。因为在"我不是我"的状态下，你很难选择也无法控制生活的节奏。多年来我总有一种干自己的活时间像是偷来、挤出来甚至抢劫而来的感觉。但一个学者要进入思考和成长的路径，就需要很多的静置空间。心理上把它从奢侈变成自然实属不易，为此要肯放下很多。更难逃避的是世俗的追杀，关系、资源、名利、家庭、舒适和健康，它们全都想要你，而你却是唯一、有限、不可分割的。

　　时间是宽容最好的伴侣，也是蕴育思想最美的容器；可时间跟钱一样，从来都不是靠节流和硬挤出来的，它只能健康地来源于生活的整体选择与工作方式改变。快与慢，松与紧，进与退，人生的每一寸都像是在两树之间，既有阳光，也有阴影。是昂首一片海阔天空，还是退居一隅港湾宁静，不在于一意孤行，而在于取舍定位。你每时每刻都会面临压力，也每分每秒都会坚守自己。我始终对生活抱以最高虔诚，唯一能全部放下的是自己，却极不情愿爱我的人忧心操劳。

　　这本书的内容以及它所承载的研究课题，一半来源于被动选择。现在它完成了，虽然没有过去就没有现在，但我也想将过去的大部分都塑成过去，未来真的去寻找一些新的可能。为此：欲望不能太多，因为快乐会被掩埋；生活不能太忙，会失去对美的感知；说喜欢说的话，听喜欢听的声音，看喜欢看的人，哪怕一贫如洗。

作者

辛丑年·癸巳月于家中